MW01426517

Brigitte Endres • Antje Drescher

Schluri Schlampowski

und die Spielzeugbande

TULIPAN VERLAG

Inhaltsverzeichnis

Erstes Kapitel, in dem wir Opa Helfrich und die Spielzeugbande kennenlernen — 9

Zweites Kapitel, in dem der alte Helfrich einen höchst seltsamen Fang macht — 18

Drittes Kapitel, in dem die Spielzeugbande die Nase rümpft — 26

Viertes Kapitel, in dem das Zottelding seine Geschichte erzählt — 35

Fünftes Kapitel, in dem es sich Schluri gemütlich macht — 44

Sechstes Kapitel, in dem Snobby den Kürzeren zieht — 56

Siebtes Kapitel, in dem Schluri sich beweist — 64

Achtes Kapitel, in dem Schluri kein Saubär sein will — 72

Erstes Kapitel, in dem wir Opa Helfrich und die Spielzeugbande kennenlernen

Eigentlich war es kein Draußen-Tag, sondern ein ausgesprochener Drinnen-Tag. Auf gar keinen Fall war es aber ein Angel-Tag, denn es hatte geregnet. Aus dem durchnässten Boden krochen feuchtkalte Schwaden und windig war es außerdem. Aber Gottlieb Helfrich hatte sich nun einmal vorgenommen zu angeln. Und was sich der alte Helfrich vornahm, führte er auch aus. So einer war er.

Deshalb saß er jetzt in dickem Wollpullover, Pudelmütze und Gummistiefeln mit seiner Angelrute in einem abgewetzten Klappstuhl am Bach. Wie immer angelte er ohne Köder, einmal, weil ihm die Würmer leidtaten, und außerdem, weil er sich aus Bratfisch rein gar nichts machte.

Dennoch hatte er schon die tollsten Sachen aus dem Wasser gezogen. Blechbüchsen. Einen verrosteten Wecker – leider nicht mehr zu retten. Ein Regenschirmskelett. Daraus hatte er eine Wäschespinne gebastelt und die hing jetzt über dem Küchenherd. Schuhe mit und ohne Löcher, Stiefel, Pantoffeln, Sandalen, dummerweise immer nur Einzelgänger. Plastikflaschen in allen Größen. In einige hatte er ein Loch geschnitten und sie als Nistkästen in die Obstbäume gehängt – zum großen Verdruss von Kater Snobby hundertprozentig katzensicher. Seither erfreuten Helfrich zwar Scharen von Zwitscherfreunden, aber von seinen Kirschen bekam er nur noch die Kerne ab. Doch das nahm er in Kauf, man konnte eben nicht alles haben.

Einmal hatte er doch tatsächlich eine alte Schreibmaschine an der Angel! Die hatte noch gar nicht so lange im Wasser gelegen und war kaum verrostet. Mit Geduld und Spucke und etwas Nähmaschinenöl brachte er sie wieder auf Vordermann. Sogar das Glöckchen am Zeilenende. – Bling!

Ja, der Bach gab so einiges her. Gottlieb Helfrich betrachtete die siebenundsiebzigeinhalb Meter Bach, die durch seinen Garten flossen, als Eigentum. Und deshalb nutzte er die Schätze, die er herauszog, ohne schlechtes Gewissen für seine eigenen Zwecke. So zum Beispiel die große Blechdose, in der er jetzt Kekse aufbewahrte.

Mecker-Dose hatten seine Mitbewohner die Büchse getauft. Wasser, Rost und Helfrichs Schleifpapier hatten nämlich nur noch Reste der Aufschrift stehen lassen, und zwar:

ein   mecker   toffel ala

Grete Petete, Brumm Gnatzig und Roberto Blech hatten herumgerätselt, was die Aufschrift wohl bedeuten sollte. Grete Petete hatte die hübsche Puppenstirn gekräuselt. »Das könnte vielleicht heißen: Kein Gemecker ...« Aber dann kam sie nicht weiter und schwieg lieber, sie sagte ungern etwas Falsches.

»Ei... ein – Meck... Mecker – Toff... Toffel – al... ala«, wiederholte Roberto Blech stockend. Aber dem altmodischen Spielzeugroboter fiel ja auch sonst nie viel ein, vor allem, wenn er wie jetzt wieder aufgezogen werden musste.

Brumm begutachtete die Schrift mit dem neuen blauen Glasauge, weil er damit schärfer sah als mit dem anderen. »Ah ja! Mmm!«, brummte er. »Einwandfrei! Fraglos! Es heißt: Reiner Mecker-Stoffel, tralala.«

Gottlieb Helfrich hatte den Kopf geschüttelt. »Kinder! Es ist zwar nicht wichtig. Aber vermutlich stand da mal: Feinschmecker Kartoffelsalat.«

»Manche Leute wissen eben alles besser«, brummte Brumm Gnatzig.

»Feinschmecker Kartoffelsalat wäre auch möglich«, bemerkte Grete, die Brumms verletzten Blick aufgefangen hatte. »Aber ich persönlich finde, Reiner Mecker-Stoffel, tralala hört sich eine Spur richtiger an. Nur eine Spur ...« Sie warf dem alten Helfrich ein entschuldigendes Lächeln zu. »Nicht böse sein, Opa Helfrich!«

Da hatte der alte Helfrich ein wenig in sich hineingeseufzt und die Sache auf sich beruhen lassen. Es war ja wirklich nicht wichtig. Außerdem wollte er kein weiteres Gemecker wegen einer dummen Dose, die seither allerdings Mecker-Dose hieß und, wie schon gesagt, als Keksdose diente.

Manchmal dachte er ergeben, dass seine Schützlinge ganz schön anstrengend waren. Aber ohne sie ...? Nein! Er hatte sich in all den Jahren zu sehr an die Spielzeugbande gewöhnt! Nur Kater Snobby hatte noch seine Probleme mit ihnen – aber das beruhte auf Gegenseitigkeit. Wie lange sie nun schon alle zusammenwohnten, hätte der alte Helfrich nicht mehr sagen können. Es war ja auch eine Weile her, dass er seinen kleinen Laden aufgegeben hatte.

Puppen- und Spielzeug-Doktor Gottlieb Helfrich

hatte auf dem Schild über der Tür gestanden.

Tag für Tag waren kaputte Puppen, zerschlissene Plüschtiere, zerbrochene Hampelmänner, ramponierte Spielzeugautos und Eisenbahnen und was sonst noch alles bei ihm abgegeben worden. Und Tag für Tag hatte er mit Liebe und Geschick zerbrochene Köpfe geklebt, Arme und Beine ersetzt, Felle geflickt und Bälge gestopft, Zahnräder ausgewechselt und Getriebe geölt. Alles konnte er reparieren – fast alles.

Nur selten kam es vor, dass man mit seiner Arbeit nicht zufrieden war. Grete Petete war so ein Fall.

Der hübschen Puppe hatte ein Bein gefehlt. Da sie aber ein veraltetes Modell aus Zelluloid war (was sie gar nicht gerne hört – psst!), konnte die Puppenfabrik kein Ersatzbein in der richtigen Länge mehr liefern. So sah sich der alte Helfrich gezwungen, ihr ein etwas kürzeres zu verpassen. Solange Grete saß, bemerkte man davon nichts. Stellte man sie aber hin, stand sie schief wie ein Matrose auf Landgang. Da das kleine Mädchen, dem Grete Petete gehörte, inzwischen eine neue Puppe hatte, ließ es Grete einfach im Laden zurück. Noch dazu, ohne die Reparatur zu bezahlen.

Brumm Gnatzig hatte ein ähnliches Schicksal erlitten. Sein Besitzer hatte ihm auf brutalste Weise eines der grünen Glasaugen herausgerupft und, als wäre das nicht schlimm genug, ihm auch noch ein Loch in den Wanst geschnitten. Wie explodierte Zuckerwatte quoll die Füllung aus Brumm heraus, als er in die Werkstatt gebracht wurde. Unglücklicherweise waren nur noch blaue Glasaugen vorrätig. Aber der alte Helfrich hatte es einfach nicht übers Herz gebracht, dem bedauernswerten Brumm auch noch das zweite grüne Auge herauszuoperieren – was zweifelsohne auch für einen Teddybären sehr schmerzhaft ist. Mit aller Vorsicht hatte er also ein blaues in den Plüschkopf gesteckt. Dann hatte er noch ein wenig frische Watte in den Bärenbauch gestopft und einen Flicken daraufgesetzt. Brumm war damit wieder völlig hergestellt. Trotzdem wurde er nie abgeholt, was sich letztlich als Glücksfall für ihn herausstellen sollte. Glück im Unglück, wie man so sagt.

Mit Roberto Blech war das so: Er gehörte zu der Sorte Blechroboter, die schon seit Langem nicht mehr gebaut werden. Ohne Batterien, zum Aufziehen. Ein älterer Herr hatte ihn beim Aufräumen auf dem Speicher gefunden. Nicht mehr funktionstüchtig, aber auch zu schade zum Wegwerfen, landete Roberto schließlich im Laden. Gottlieb Helfrich sollte ihn reparieren.

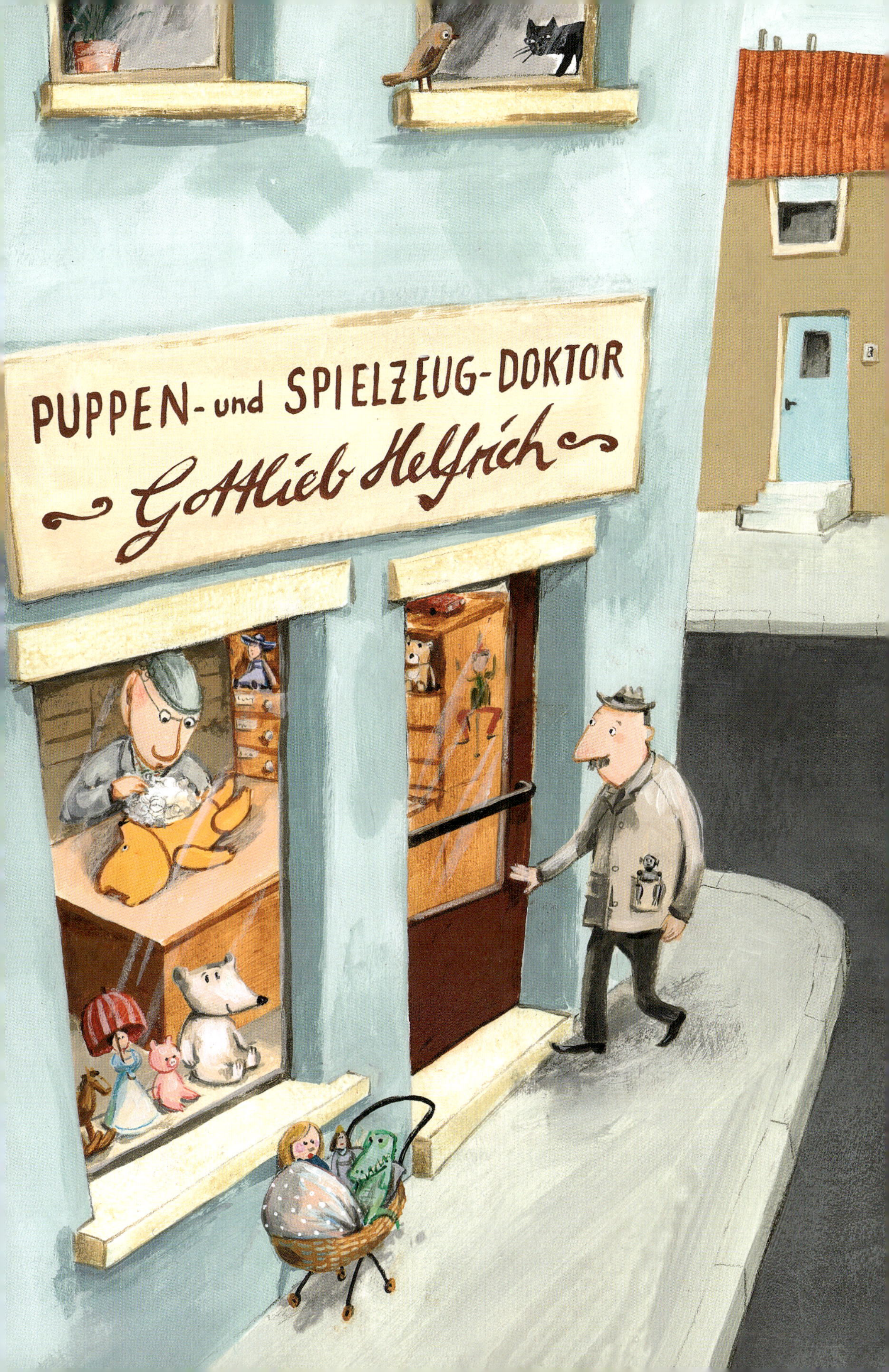
PUPPEN- und SPIELZEUG-DOKTOR
Gottlieb Helfrich

Das mit dem Reparieren war aber gar nicht so einfach gewesen, denn in Robertos Blechbauch hatte es schrecklich ausgesehen: Zahnräder verbogen, Zacken abgebrochen, Schmutz und Rost überall. Außerdem fehlte der Aufziehschlüssel. Es kostete den guten Helfrich viel Zeit und Geduld, aber schließlich brachte er den Blechmann doch wieder zum Laufen, und zwar mit dem Schlüssel seiner Kuckucksuhr. Doch der alte Mann, der ihn gebracht hatte, kam nicht wieder.

Damit gehörte nun auch Roberto zu den Kandidaten, die Ladenhüter blieben und auf dem Regal mit der Aufschrift FERTIGE REPARATUREN ausharrten, bis Helfrich das Geschäft aus Altersgründen aufgab. Grete, Brumm und Roberto sahen so todtraurig und verlassen aus, dass es dem alten Puppendoktor ins Herz schnitt. Und so nahm er sie zu sich in sein kleines Häuschen.

Warum die übrig gebliebenen Spielsachen plötzlich zum Leben erwachten? Und weshalb sie begannen, Gottlieb Helfrich Opa Helfrich zu nennen? – Zweifelsohne war es ein Zauber, ein ganz besonderer Zauber. Es war der Zauber von Helfrichs großer Liebe, der die Herzen seiner Schützlinge zum Schlagen brachte.

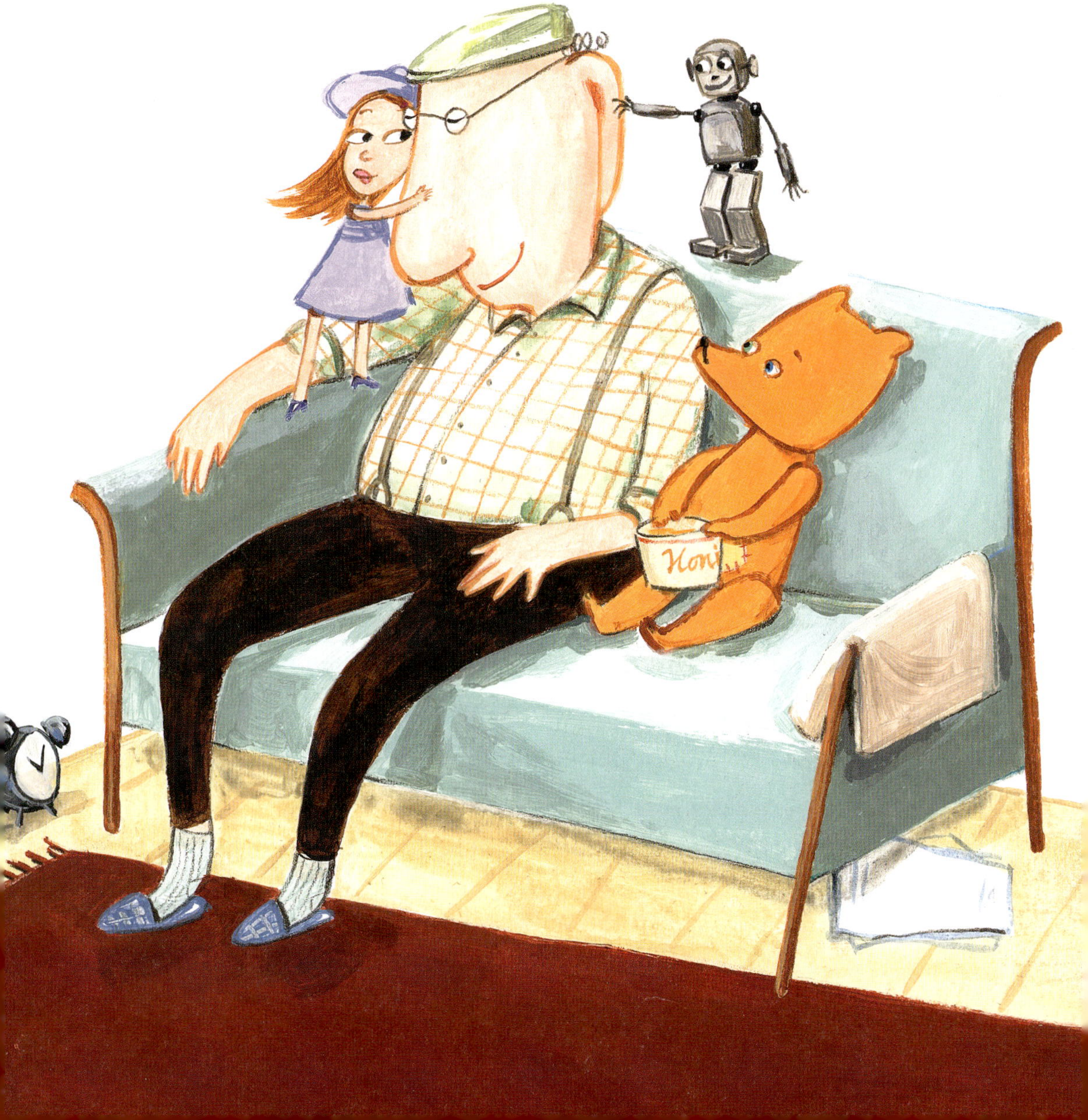
Honi

Zweites Kapitel, in dem der alte Helfrich einen höchst seltsamen Fang macht

Opa Helfrich saß also an diesem nasskalten Nachmittag an seinem Bach in seinem Garten in seinem schäbigen Klappstuhl und angelte. Das Wasser gluckerte und gluckste. Es roch nach Erde und duftete nach Gras. Der Wind trieb die Wolken wie eine Elefantenherde durchs Himmelgrau. Aber all das bekam Helfrich gar nicht mit, denn er war eingenickt.

Ein Ruck an der Angel ließ ihn aufschrecken. Hoffnungsvoll rollte er die Schnur ein – und wurde blass. Am anderen Ende zappelte etwas. Das war doch hoffentlich kein Fisch! Helfrich kniff die Augen zusammen. Sapperlot, was hatte er denn da gefangen? Was war das für ein merkwürdiges Zottelding?

Mit einem Kescher fischte er das Wesen, das verzweifelt versuchte, sich vom Haken zu befreien, aus dem Wasser. Verflixt, wo hatte er nur wieder seine Brille? Aber was immer es auch war, so viel konnte er erkennen: Es zitterte und klapperte mit den Zähnen vor Kälte. Ohne Frage, dem Zottelding ging es gar nicht gut!

Helfrich ließ alles stehen und liegen und rannte mitsamt Kescher und Angelrute, an der sein Fang immer noch festhing, ins Haus. Ohne die schmuddeligen Gummistiefel auszuziehen, stürzte er in die Küche.

»Opa Helfrich!« Grete Petete stemmte vorwurfsvoll die Hände in die Hüften.

Aber Helfrich kümmerte sich nicht um sie. »Wo ist meine Brille?«

»Hier!« Brumm Gnatzig brachte sie ihm mit einem verwunderten Blick auf das Keschernetz, aus dem es, plitsch, platsch, plitsch, auf die Dielen tropfte. Ansonsten rührte sich jetzt nichts mehr darin. Behutsam befreite Helfrich das ermattete Zottelwesen von Kescher und Angelhaken und legte es auf den Küchentisch.

»Was hast du da?«, erkundigte sich Brumm, der mit Grete auf dem Boden stand und gespannt nach oben spähte.

Aber das konnte ihm Opa Helfrich so mir nichts, dir nichts auch nicht sagen. Erwartungsvoll rückte er die Brille zurecht, um seinen Fang, der nur wenig größer war als Brumm, in Augenschein zu nehmen. Nachdem er einige Büschel verfilzter Fellhaare beiseitegeschoben hatte, kam ein runder Kopf zum Vorschein. Ein Kopf mit zwei gewaltigen Ohren, die an Eselsohren erinnerten. Über einem breiten Mund, der zwei Reihen weißer Perlzähnchen hervorblitzen ließ, saß eine kleine Stupsnase. Körper, Arme und Beine bedeckte ein zerzauster Pelz. Die Hände waren nackt, die Füße dagegen behaart und ungleich größer.

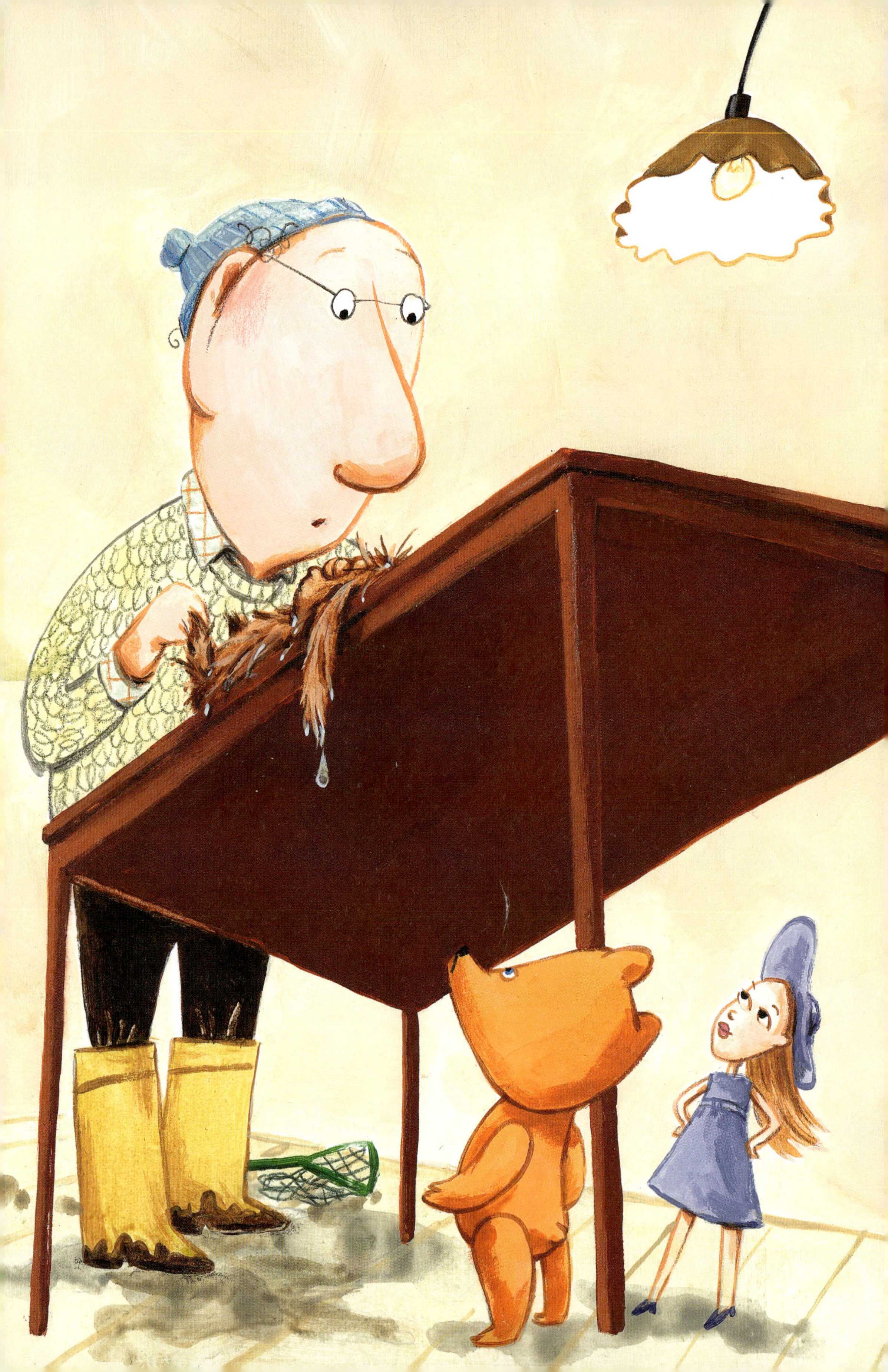

»Was ist es denn?«, erkundigte sich Grete Petete, die fühlte, dass etwas sehr Ungewöhnliches vor sich ging und dass es jetzt nicht angebracht war, über den schmutzigen Boden zu jammern.

Der alte Helfrich zog die Pudelmütze vom Kopf und strich sich nachdenklich über die Glatze. »Ich weiß es nicht. Ich weiß es wirklich nicht.«

»Ein Tier?«, wollte Brumm Gnatzig wissen. »Wenn es ein Tier ist, muss man es freilassen.«

Helfrich nahm ein Handtuch von dem Regenschirmskelett und rubbelte das Wesen ab. Es zitterte noch immer und atmete schwer.

»Ich glaube nicht, dass es ein Tier ist, jedenfalls keines, das ich kenne.«

Das Geschöpf bäumte sich auf, hustete und ließ sich stöhnend zurückfallen. Snobby stolzierte in die Küche. Mit einem gekonnten Sprung landete er auf der Tischplatte.

»Typisch!«, zischte Grete Brumm zu. »Und wir müssen dumm hier unten stehen!«

Snobby beschnupperte das Zottelding. Für eine Maus war es eindeutig zu groß, außerdem – wenn man ihn fragte – roch es äußerst unappetitlich. Er sprang zurück auf den Boden und schritt mit einem hochmütigen Blick an Grete und Brumm vorbei zu seinem Futternapf.

Stirnrunzelnd begutachtete Helfrich das Handtuch. Es starrte vor Dreck. Grete wuchtete den Puppentisch, der unter dem großen Tisch stand, ein wenig vor, kletterte hoch und verrenkte sich fast den Kopf. Trotzdem konnte sie nichts sehen. »Jetzt sag doch, Opa Helfrich! Ist es eine Puppe?« Ihr Stimmchen klang gereizt.

»Ich glaube nicht, dass es ein Spielzeug ist«, brummte Brumm. »Unsereins ist von anderer Art.«

»Was immer es auch ist, es ist sehr erkältet und braucht unsere Hilfe.« Damit wickelte Helfrich das Wesen in das Handtuch und stapfte mit ihm die Treppen hoch, ohne sich weiter um Grete und Brumm, die vor Neugier schier platzten, zu kümmern.

Einige Zeit später kehrte er mit einem Schuhkarton zurück, den er, unter den skeptischen Blicken seiner Mitbewohner, behutsam auf den Küchenboden stellte. »Psst!« Warnend legte er den Zeigefinger an den Mund.

Brumm und Grete spähten in die Pappkiste. Bis zur Nasenspitze in weiche Tücher eingemummelt, schlief das Zottelwesen jetzt.

Grete Petete rümpfte das empfindliche Näschen. »Es riecht!«

»Es ist ...«, brummte Brumm Gnatzig und rang nach Worten, »... anders!«

Grete nickte. Ja, anders war es auf jeden Fall!

Roberto Blech äugte neidisch zu ihnen hinüber. Er musste dringend aufgezogen werden. Aber der Schlüssel steckte mal wieder in der Kuckucksuhr. Er sah den alten Helfrich flehend an. Doch der tat so, als bemerkte er ihn nicht. So leid es Helfrich auch tat, aber das schnarrende Getriebe des Blechmanns musste heute Abend schweigen. Roberto würde bis zum nächsten Morgen warten müssen.

Besorgt blickte der alte Puppendoktor in den Schuhkarton. Irgendetwas an dem hilflosen schmuddeligen Zottelding hatte sein Herz berührt. Jetzt hieß es für alle im Haus erst einmal Rücksicht nehmen.

Drittes Kapitel, in dem die Spielzeugbande die Nase rümpft

Auch am nächsten Morgen regnete es.

»Was ist das nur für ein Sommer?«, brummelte der alte Helfrich verschlafen, als er, gerade aufgewacht, aus dem Fenster sah. Fast gleichzeitig fiel ihm der Schuhschachtelpatient ein. Ohne weitere Gedanken an das Wetter zu verschwenden, sprang er aus dem Bett, zog Morgenmantel und Pantoffeln an und rannte die Treppe hinunter.

Brumm schlief noch. Wie immer auf dem Küchensofa, und wie immer mit einem dicken Kissen auf den Ohren, damit ihn sein eigenes Schnarchen nicht störte.

Grete Petete stand bereits bei der Schuhschachtel, als Helfrich in der Küche erschien. »Es ist wach und es hat gehustet«, flüsterte sie.

Helfrich beugte sich über den Karton. Große, etwas glasige und sehr verwunderte Glupschaugen blickten ihn matt an. »Na, wie geht's uns denn heute?«, sagte er in dem eigentümlich milden Ton, in dem man mit Kranken spricht.

Statt zu antworten, begann das fremdartige Geschöpf wieder zu husten. Gequälte, trockene Stöße, die es von Kopf bis Zottelfuß erzittern ließen.

»Milch mit Honig«, sagte der alte Helfrich mit einem fachkundigen Nicken und stellte gleich den Milchtopf auf den Herd.

Während die Milch warm wurde, zog Helfrich den Schlüssel aus der Kuckucksuhr und widmete sich Roberto Blech, der immer noch reglos und wie ein Ausrufezeichen in seiner Ecke stand. Helfrich steckte den Schlüssel in das Loch in Robertos Rücken, zog den Blechmann mit einigen kraftvollen Drehungen auf und stellte ihn auf den Boden zurück.

Na endlich! Mit einem beleidigten Blick und ohne sich zu bedanken, marschierte Roberto laut schnarrend schnurstracks auf die Schuhschachtel zu. »Wa... was – is... ist – da... das – fü... für – ei... ein – Di... Ding?«

Grete Petete zuckte mit den Schultern. Das Zottelwesen glotzte Roberto erschrocken an. Dann klappte es seine großen Ohren über die Glupschaugen. Es schien sich zu fürchten. Ein Roboter war ihm offenbar noch nie über den Weg gelaufen.

Der Duft des Honigs, den Helfrich nun in die heiße Milch rührte, lockte Brumm Gnatzig aus seinen Träumen. »Honig«, brummte er noch halb im Schlaf vom Sofa her. »Wo? Wo?«

Helfrich schüttelte den Kopf. »Nicht für dich.«

»Aber ich hab Hunger«, brummte Brumm. »Frühstückshonigbärenhunger!«

»Erst der Patient«, sagte der alte Helfrich.

Ach ja! Jetzt fiel es Brumm wieder ein. Das Zottelding von gestern. Was machte Opa Helfrich nur für ein Theater darum? »Ist es etwa immer noch da?«, fragte er verdrossen.

Helfrich runzelte über diese gefühllose Äußerung die Stirn. Dann stellte er den Schuhkarton aufs Sofa und setzte sich neben Brumm, während Roberto und Grete über einen Schemel, der eigens für die Spielzeugbande bereitstand, zu ihm hochstiegen. Behutsam versuchte Helfrich, dem kranken Zottelwesen mit einem Teelöffel etwas Honigmilch einzuflößen.

Aber so gut seine Absicht auch war, so schlecht kam sie an. Kaum hatten die ersten Tropfen den breiten Mund benetzt, lief die merkwürdige Kreatur tomatenrot an, streckte eine rosarote Zunge heraus, prustete und hustete vor Abscheu und plärrte, dass es allen durch Mark und Bein ging:

»Iih, bäh! Pfui Deibel! Bäh!«

Die Spielzeugbande starrte es entgeistert an.

»Da... das – Di... Ding – re... redet!«, stellte Roberto bewundernd fest.

»Unverschämtheit!«, brummte Brumm.

Grete Petete, die Milchspritzer abbekommen hatte, putzte angewidert an sich herum. »Igittigitt!«

Aber auch den alten Helfrich verwirrte diese unerwartete und derart heftige Gegenwehr. »Vielleicht hat es eine Allergie...?«, setzte er an.

Mit einem Gesicht, als hätte es in eine saure Gurke gebissen, schüttelte das zottelige Wesen den tomatenroten Kopf. »Dummquatsch, Schmonzes – Allergie! – Honigpampe! Pfui! Bäh! Iih!«

Es hörte erst mit Kopfschütteln auf, als es vom nächsten Hustenanfall gepackt wurde.

Helfrich blickte ratlos auf den Becher Honigmilch. »Da müssen wir es wohl mit Zwiebeltee probieren!«, sagte er. »Das Rezept ist von meiner Großmutter und sehr wirksam bei Husten.« Er verzog den Mund. »Der Geschmack allerdings ...« Damit drückte er Brumm den Becher in die Pfoten und stand ächzend auf.

Brumm lehnte sich zufrieden zurück und nippte an der Honigmilch. Warum sich Opa Helfrich nur so viel Mühe mit dem fremden Ding machte? Immerhin mochte es keinen Honig. Das war gut. Sehr gut sogar!

»D... du – sa... sag – do... doch – wa... was!«, schnarrte Roberto in die Schuhschachtel.

Aber das Zottelding war nicht mehr zu sprechen. Es hatte die Ohren wieder über die Augen gezogen und lag, von einigen Hustenattacken abgesehen, steif wie ein Stockfisch in seinem Pappbett.

»Es stellt sich schlafend«, zischte Grete ihren beiden Freunden zu. »Bestimmt ist es schüchtern.« In diesem Punkt täuschte sich Grete allerdings gründlich, wie sie noch feststellen sollte.

Bald kroch beißender Zwiebelgestank durch die Küche. Grete wendete sich angeekelt ab, als Helfrich mit einer Tasse frisch gebrühtem Zwiebeltee zurück zum Sofa kam. Zucker hatte er vorsichtshalber nicht dazugegeben, sein wunderlicher Patient mochte anscheinend nichts Süßes. Trotzdem war er auf alles gefasst, denn aus der Tasse stank es wirklich ganz abscheulich.

Als das sonderbare Wesen aber den Tee erschnupperte, legte es die Ohren zurück, schlug die Augen auf und leckte sich erwartungsvoll die Lippen. Es war so scharf auf den Zwiebeltee, dass Helfrich mit dem Löffeln kaum nachkam. Schließlich schnappte es sich kurzerhand die Tasse und schlabberte sie ratzeputz leer. Dann atmete es tief ein und stieß mit einem kehligen Laut, der aus den Abgründen seines Zottelbauchs zu kommen schien, genussvoll auf.

Den anderen blieb die Luft weg. »Sapperlot!«, rief der alte Helfrich und drehte den Kopf zur Seite, während sich Grete Petete die Nase zuhielt und Brumm die Schnauze tief in den Honigmilchbecher steckte.

Roberto hingegen war fein raus: Seine Blechnase roch ja nichts. Deshalb sah er das Ganze positiv. »E... es – ha... hat – i... ihm – ge... geschmeckt«, stellte er fest.

Helfrich hob die Augenbrauen. »Das sieht ganz so aus«, knurrte er und stand eilig auf, um ein Fenster zu öffnen.

»Kein Benehmen, dieses Ding!«, brummte Brumm und verzog sich in die andere Sofaecke. »Nicht ein klitzekleines Pardon oder Tut-mir-leid. Gehört sich das?«

»Vielleischt macht man dasch scho, dort, wo esch herkommt«, nuschelte Grete, die sich noch immer das Näschen zukniff.

Und damit lag sie gar nicht so daneben, was sich aber auch erst später zeigen sollte.

Mit dem Zwiebeltee hatte der alte Helfrich jedenfalls das richtige Mittel getroffen. Das Zottelding war jetzt nicht mehr tomatenrot und es hustete auch nicht mehr.

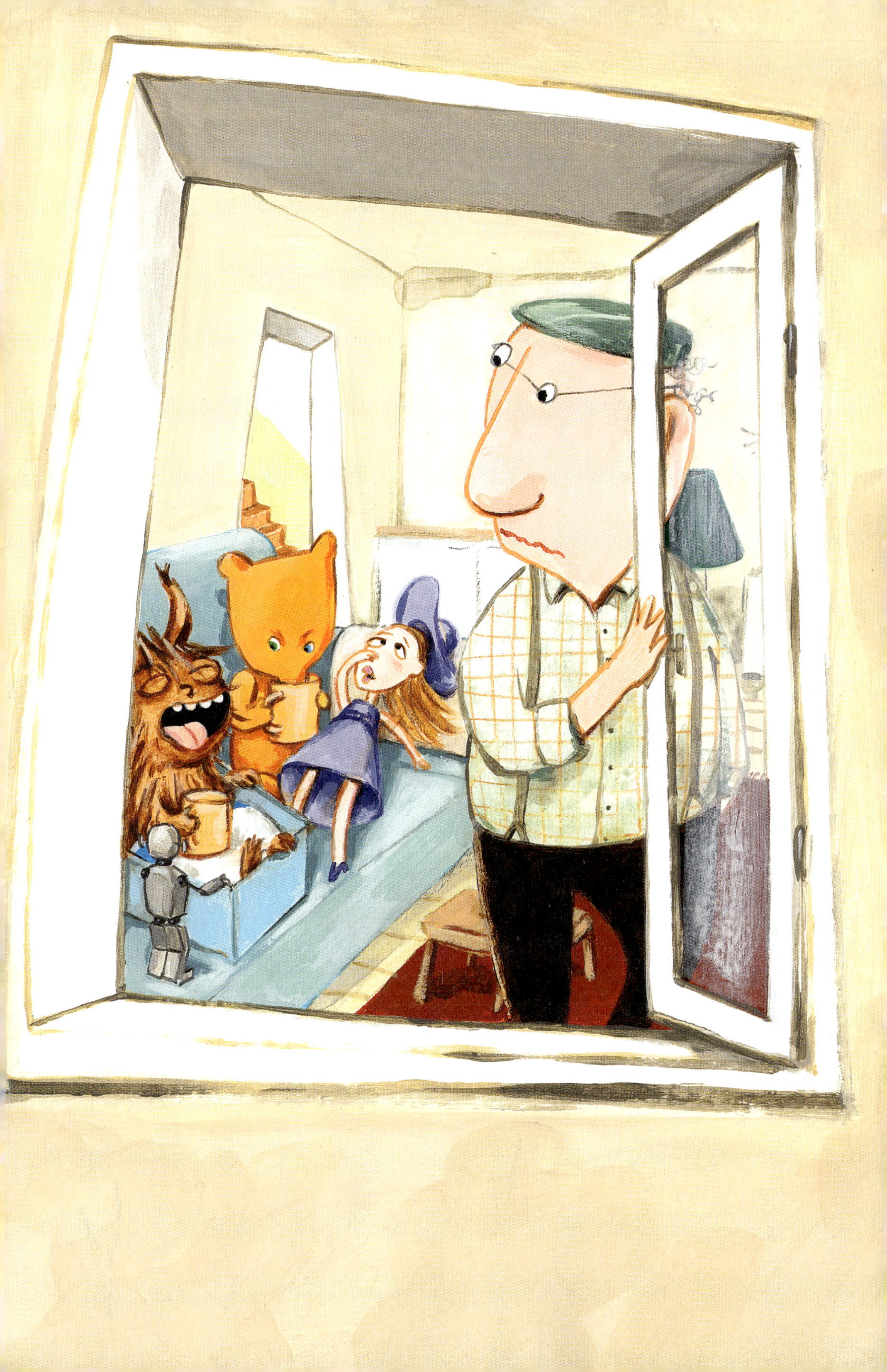

Grete und Brumm straften das Wesen mit Nichtbeachtung. Roberto Blech aber beobachtete genau, was in der Schuhschachtel vor sich ging. »E... es – ha... hat – si... sich – au... aufgesetzt!«, verkündete er plötzlich.

Der alte Helfrich lief zum Sofa zurück. Und wirklich! Sein Patient saß in seiner Schachtel und sah schon recht munter aus. Seine großen Glupschaugen musterten aufmerksam die Umgebung.

Helfrich strich ihm erleichtert über den Kopf. »Der Zwiebeltee hat dich wohl aufgemöbelt, mein Kleiner.«

»Zwiebel, Schniebel, schlampapap!«, sagte das Zottelding zufrieden.

»Es kann noch nicht mal richtig reden!«, brummte Brumm, dem Helfrichs liebevolle Geste zutiefst missfiel.

»Wenn es doch wieder gesund ist, wird es sicher nach Hause wollen«, bemerkte Grete Petete hoffnungsfroh.

Da rappelte sich das sonderbare Geschöpf noch weiter auf und verzog seinen breiten Mund. »Bla, bla, bla, so 'n Dusselquatsch! Ich kann nicht heim, kladderadatsch!«

Grete kräuselte die Stirn. So hatte noch keiner mit ihr geredet.

»W... wo – wo... wohnst – d... du – de... denn?«, fragte Roberto.

»Das würde mich allerdings auch interessieren«, sagte der alte Helfrich. »Wer bist du? Wo kommst du her? Und wie bist du bloß in meinen Bach geraten?«

Viertes Kapitel, in dem das Zottelding seine Geschichte erzählt

Das waren viele Fragen. Doch die Aufmerksamkeit des Zottelwesens klebte ganz an der alten Teekanne. »Zwiebel, Schniebel, alles leer. Zwiebel, Schniebel, ich will mehr!«, sagte es fast gebieterisch.

Mit einem Seufzer ging der gute Helfrich zum Herd. »In Gottes Namen, aber danach erzählst du uns von dir!«, sagte er und brühte neuen Tee auf.

Der wunderliche Zwiebelfreund schüttete die zweite Tasse ebenso gierig hinunter wie die erste. Zum Entsetzen aller auch mit demselben Ergebnis. Er rülpste wie ein Nilpferd. Nur ihre Neugier besiegte den Drang der Spielzeugbande, aus der Küche zu fliehen.

Nachdem Helfrich hastig das zweite Fenster aufgerissen hatte, setzte sich das Zottelding gestärkt in seiner Schachtel zurück, kratzte sich am Bauch und machte ein sehr wichtiges Gesicht. Unverkennbar gefiel es ihm, dass die anderen erwartungsvoll um es herumsaßen und auf seine Geschichte warteten. – Grete allerdings mit einigem Abstand.

Brumm hatte dem zotteligen Ding unrecht getan. Es konnte sehr wohl richtig sprechen, auch wenn es bisweilen eine sehr eigenwillige Art hatte, sich auszudrücken. Als es nun endlich anfing zu erzählen, dachte keiner mehr an sein ungebührliches Benehmen. Seine Geschichte war aber auch wirklich zu abenteuerlich!

Das Zottelding war kein Ding und auch kein Spielzeug, wie Brumm ja schon festgestellt hatte. Ebenso wenig war es ein Tier und ein Mensch war es schon gar nicht. Es war nämlich ein Schlampiner und sein Name war: Schluri Schlampowski.

Schlampiner sind heutzutage sehr selten. Der alte Helfrich glaubte sich zu erinnern, einmal im Radio von ihnen gehört zu haben. Was genau, wusste er leider nicht mehr. Aber das war auch gar nicht nötig. Von Schluri erfuhren sie alles, was man über Schlampiner wissen muss: Die letzten Schlampiner leben auf der Insel Tohuwabohu. Ganz versteckt, gleich hinter den Schlaraffeninseln im Achten Meer. Wo genau, konnte ihnen Schluri leider nicht sagen. Erdkundeunterricht gibt es auf Tohuwabohu nämlich nicht.

Tohuwabohu ist eine kleine Insel, gerade groß genug für die Schlampowskis und die Schlampetzkis. Aber weil sich die beiden Familien noch nie besonders gut vertragen haben, bewohnen die Schlampowskis die rechte Inselseite und die Schlampetzkis die linke. Im Allgemeinen lebt es sich auf der Insel recht friedlich. Nur wenn sich ein Schlampowski oder Schlampetzki auf die falsche Seite verirrt, gibt es Ärger. Da auf Tohuwabohu aber sonst nicht viel los ist, betrachten die Schlampiner eine kleine Keilerei, hie und da, als willkommene Abwechslung.

Abgesehen davon gibt es vor allem den Großen Sturm, der den Schlampineralltag unterbricht. Einmal im Jahr fegt er über die Insel, immer am zweiten Dienstag im Juni. Mit glänzenden Augen erzählte Schluri von dem heillosen Durcheinander, das der Große Sturm mit sich bringt, und von dem Fest, das anschließend gefeiert wird.

Tage vorher schon bereiten sich die Schlampiner auf den Großen Sturm vor. Sie zurren ihre Hütten mit Seilen fest. Und schon am Dienstagvormittag binden sie sich selbst an einen der Pflöcke, die sie eigens dafür in den Strand gerammt haben.

»Warum geht ihr nicht einfach in den Keller, wenn der Sturm kommt?«, unterbrach Brumm Gnatzig Schluris Ausführungen. Er wurde immer ganz kribblig, wenn er lange nicht zu Wort kam.

Schluri klärte ihn kurz darüber auf, dass es auf Tohuwabohu gar keine Keller gab, und erzählte dann weiter. Und nun wurde es wirklich abenteuerlich.

Am vergangenen Dienstag, am Tag des diesjährigen Großen Sturms also, hatte Oma Schlampowski Schluri gleich nach dem Frühstück aufs Feld geschickt, um Zwiebeln für den Großer-Sturm-Fest-Zwiebelkuchen zu holen. Als Schluri erwähnte, dass die Schlampiner üppige Zwiebelfelder bestellten und dass Zwiebeln die Nationalspeise waren, war allen klar, warum Schluri so versessen auf Zwiebeltee war.

Jedenfalls war Schluri schon auf dem Rückweg gewesen, als er plötzlich mit dem rechten Fuß in eine Falle tappte. In eine Stinkwotschel-Falle, um es genau zu sagen.

Stinkwotschel sind ebenso leidenschaftliche Zwiebelliebhaber wie die Schlampiner. Nach Schluris Beschreibung richten sie heillose Verwüstungen auf den Zwiebelfeldern an, weshalb man sie fängt und sonntags Stinkwotschel-Hackmatsch mit Zwiebelringen aus ihnen bereitet. Stinkwotschel sind riesige Biester. Deswegen sind auch die Stinkwotschel-Fallen groß und bleischwer. Dennoch hatte Schluri es geschafft, die Falle hinter sich herzuschleppen. Doch kam er auf diese Weise nur sehr langsam voran. Dabei hatte er wirklich keine Zeit zu verlieren, denn der Große Sturm schickte schon die ersten Böen voraus.

»Schlimmer Schlamassel!« Schluri legte einen Moment lang die Ohren über die Augen, als müsste er sich noch jetzt vor dem Großen Sturm verstecken. Dann holte er tief Luft und erzählte seinen gebannten Zuhörern, wie es ihm weiter ergangen war.

Schluri hatte die Falle hinter sich hergezogen, bis ihm klar geworden war, dass er es nicht mehr bis zu den Sturmpfählen am Strand schaffen würde.

»Aber warum hast du dich nicht einfach an einem Baum festgebunden?«, warf Grete mit glühenden Wangen ein.

Auch das war schnell erklärt: Schluri hatte gar kein Seil dabeigehabt. Darum beschloss er, in einem Gebüsch Deckung zu suchen. Er konnte sich gerade noch an den Zweigen festklammern, als der Große Sturm wie tausend wilde Wölfe losheulte und alles wegfegte, was nicht festgebunden war. Was da nicht alles vorüberwirbelte. Eine Teekanne mit Zwiebelmuster. Ein Motorradhelm, obwohl man auf Tohuwabohu gar nicht Motorrad fahren darf. Eine Trompete sauste mit ohrenbetäubendem Tuten vorbei. Ein Hammer, der Schluri fast am Kopf getroffen hätte. Und hinter dem Hammer flog eine Zange. Schluri sah sie kommen, schnappte danach und fing sie auf.

»Eine Zange«, brummte Brumm. »Damit hätte ich gleich mal die Falle aufgeknackt!« Er sah sich Beifall heischend um. War er nicht ein Bär mit guten Ideen?

Schluri ließ den Kopf hängen.

»Sapperlot!«, sagte der alte Helfrich. »Ich fürchte, genau das hat Schluri gemacht. Doch die schwere Falle hat ihn am Boden gehalten. Und als er sie los war, pustete ihn der Sturm einfach davon. Hab ich recht?«

»Kladderadatsch!« Schluri nickte betrübt, denn Helfrich hatte ins Schwarze getroffen.

»Das ist ja schrecklich!«, rief Grete. »Und dann?«

Nun, das Weitere konnte man sich fast denken: Der kleine Schlampiner war vom Sturm erfasst und hochgewirbelt worden, hoch und immer höher. Tohuwabohu lag bald tief unter ihm. Er sah die Schlampowskis und die Schlampetzkis an ihren Sturmpfählen kleiner und kleiner werden. Dann wurde er über das offene Meer getragen, und ihm wäre da oben sicher schwindlig geworden, wäre er nicht in Ohnmacht gefallen.

An das, was danach passiert war, konnte sich Schluri nicht mehr erinnern. Auch nicht daran, wie er in den Bach geraten war. Der alte Helfrich vermutete aber, dass der nachlassende Sturm ihn irgendwann hatte fallen lassen. Er erinnerte sich, dass es am

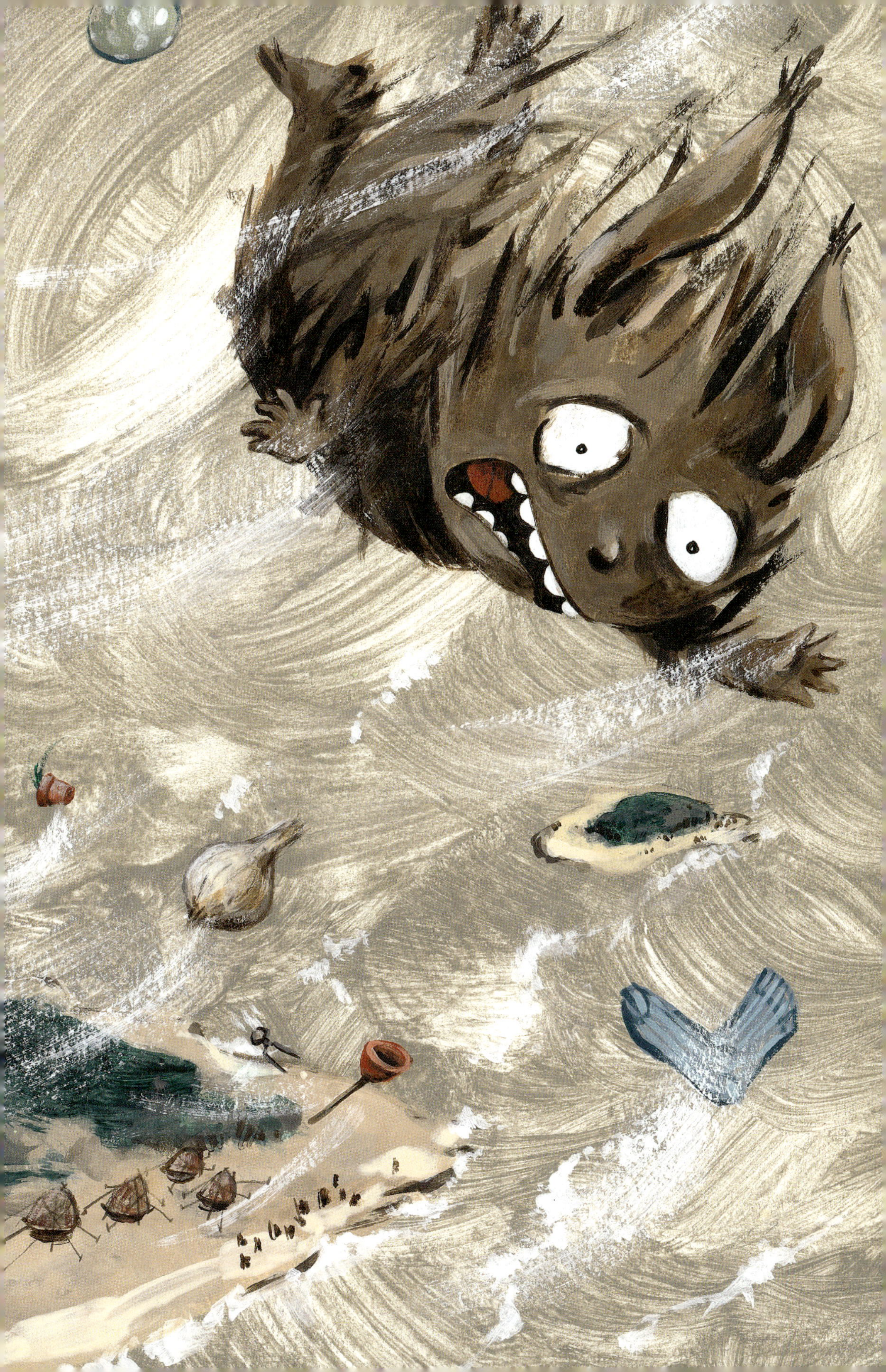

Tag zuvor recht windig gewesen war. Wahrscheinlich hatte Schluri noch nicht sehr lange im Wasser gelegen. Sonst hätte er wohl kaum überlebt. Doch das mochte er sich lieber nicht ausmalen.

»D… du – Ar… Armer«, schnarrte Roberto.

Schluri fand sich selbst wohl auch sehr arm. Eine Träne kullerte über seine Wange. Grete Petete tat der kleine Schlampiner von Herzen leid. Wo sollte er jetzt nur hin? Sie gab sich einen Stoß und reichte ihm ihr Puppentaschentuch. Schluri betrachtete es erstaunt. Was sollte er denn damit? Mit einem schlürfenden Geräusch wischte er sich die Rotznase am Zottelarm sauber. Grete Petete schluckte. Manieren hatte er keine, dieser Schlampiner!

»Es ist gewiss ein weiter Weg zurück auf die Insel«, bemerkte Brumm Gnatzig, dickfellig, wie er manchmal sein konnte. »Und wer es weit hat, sollte zeitig aufbrechen. Der Tag ist noch jung.«

Schluri verbarg gekränkt die Augen unter den Ohren.

Der alte Helfrich warf Brumm einen missbilligenden Blick zu. »Unsinn!«, sagte er ungewöhnlich barsch. »Schluri bleibt hier. Wir werden uns schon alle aneinander gewöhnen!«

Fünftes Kapitel, in dem es sich Schluri gemütlich macht

Das mit dem Aneinander-Gewöhnen war aber nicht so einfach, wie sich bald zeigen sollte.

»Jetzt wird erst mal gefrühstückt«, sagte Helfrich. Er stemmte sich hoch und setzte die Schuhschachtel mitsamt dem vor sich hin schmollenden Schlampiner vom Sofa auf den Fußboden zurück. Brumm Gnatzigs unfreundliche Bemerkung schien ihn schwer getroffen zu haben. Dann stellte Helfrich den Puppentisch auf den großen Tisch, an dem er selbst immer aß, und schaltete das Radio ein, um die Morgennachrichten zu hören.

Brumm und Grete ließen sich wie gewohnt auf den Küchentisch heben, wo Grete mit einem rosa geblümten Puppengeschirr den Puppentisch deckte. Roberto, der weder sitzen noch essen konnte, blieb bei Schluri, froh, dass ihm heute jemand beim Warten Gesellschaft leistete.

Während Brumm, Grete und der alte Helfrich frühstückten, rappelte sich Schluri in seiner Kiste hoch. Er hatte beschlossen, das Schmollen aufzugeben und stattdessen sein neues Zuhause zu untersuchen. Unbemerkt von den anderen, nur neugierig von Roberto beäugt, kletterte er aus seinem Pappbett und spazierte aus der Küche in den Flur. Da die Tür zum Wohnzimmer einen Spalt offen stand, fing er gleich mit Helfrichs guter Stube an.

Die gute Stube war Helfrichs Ein und Alles. Wie aus dem Ei

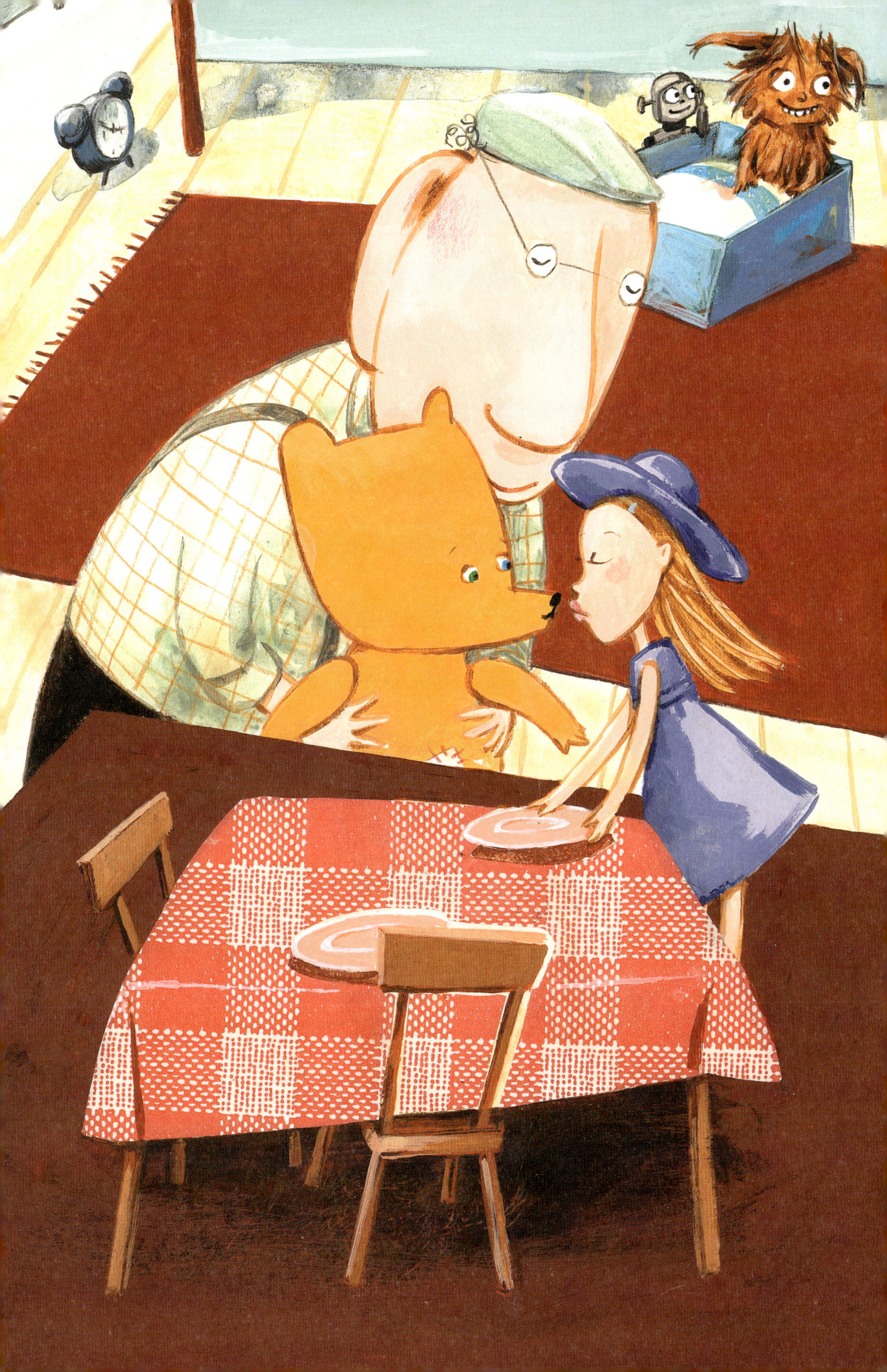

gepellt sah es hier aus. »Man weiß ja nie, ob Besuch kommt«, sagte der alte Puppendoktor immer. »Und außerdem braucht man wenigstens einen Raum, in dem niemand herumkrümelt und Unordnung macht.« Nur zu Weihnachten durfte die Spielzeugbande ins Wohnzimmer. Da war Helfrich eigen.

Doch davon wusste Schluri nichts und verstanden hätte er es sowieso nicht. Das aufgeräumte und blitzsaubere Zimmer fand er alles andere als gemütlich. Als Schlampiner hatte er seine eigene Vorstellung von Wohnlichkeit.

Schluri kratzte sich grübelnd am Bauch und sah sich um. Dann kletterte er tatendurstig auf das Bücherregal und legte los. »Das rote Buch macht wumms!«, sang er und warf Helfrichs Opernführer auf den Boden. »Das grüne Buch macht wumms!« Das war das Fremdwörter-Lexikon. »Das gelbe Buch macht wumms!«, womit Goethes Gedichte den gleichen Weg nahmen. Mit jedem Wumms wurde Schluris Laune besser. Und bald zierte ein bunter Büchersalat den Wohnzimmerboden.

Interessiert verfolgte Roberto, der dem kleinen Schlampiner bis zur Türschwelle nachgekommen war, das Treiben seines neuen Mitbewohners. Schluri winkte ihm zu. »Komm rein, dann schlampern wir zu zwein, das wird den Opa Helfrich freu'n!«

Nun war Roberto einer, der brav tat, was man ihm sagte. Darauf konnte man sich verlassen. Nicht verlassen konnte man sich auf sein Gedächtnis. Dass Opa Helfrich etwas gegen Schluris Schlampereien haben könnte, fiel ihm nämlich nicht ein. Und so marschierte er bereitwillig ins Zimmer.

Schluri war sichtlich in seinem Element. Er sprang vom Bücherregal auf den Teppich und nahm als Nächstes Helfrichs Gummibaum ins Visier. Unternehmungslustig versetzte er dem gewaltigen Blumentopf einen Schubs. Doch der bewegte sich nicht. Das ärgerte Schluri. Mit beiden Händen rüttelte er daran, doch führte auch das nicht zum Erfolg. Verdrossen kickte er schließlich mit den Füßen dagegen. Die Blätter des Gummibaums raschelten, als kicherten sie in sich hinein. Aber der Topf rührte sich nicht vom Fleck.

»Wa… was – ma… machst – d… du – d… da?«, erkundigte sich Roberto.

Schluris Glupschaugen blitzten vor Zorn. »Was stehst du hier so rum, du oller Dosenkopp? Kipp den dummen Blumentopp lieber mit mir um!«

Trotz der Beleidigung zockelte Roberto los, hilfsbereit, wie er nun mal war, und stemmte sich gegen den Gummibaumtopf. Seine blechernen Glieder schnarrten und knarrten. Der Blumentopf wippte – und kippte – und: Rumms!

Was Roberto an Grütze im Blechkopf fehlte, hatte er in den Armen.

Schluri jauchzte auf. »Kuddelmuddeln, Schmuddelbuddeln!« Begeistert hüpfte er in die braune Krümelerde und verteilte sie über den Teppich.

Roberto trat einen Schritt zurück. Sand im Getriebe konnte er nun wirklich nicht gebrauchen, so klug war er denn doch. Als der Teppich aussah wie ein umgepflügtes Feld, kratzte sich Schluri zufrieden am Bauch. Jetzt war es doch schon viel netter hier. Aber etwas störte ihn noch. Er kletterte auf Opa Helfrichs gute Couch, auf der in Reih und Glied die Sofakissen saßen – alle mit einem Knick genau in der Mitte –, und wirbelte sie vergnügt durcheinander. Schließlich pfefferte er dem Blechmann, der ihm verwirrt zusah, Helfrichs bestes Samtkissen an den Kopf. Roberto, der mal wieder nicht schnell genug geschaltet hatte, krachte scheppernd zu Boden. Erbärmlich ratternd und hilflos mit Armen und Beinen rudernd, lag er auf dem Rücken.

Grete Petete, die mit Brumm und Opa Helfrich noch beim Frühstück saß, spitzte die Ohren. »Horcht doch mal!«

Helfrich stand auf und stellte das Radio ab. Dann hörte er es auch, blechern und kläglich:

»Ra-ta-ta-ta. Oh, oh – weh, weh!«

»Roberto!«, sagte er mit einem Seufzer. »Er ist mal wieder gestürzt!«

Das war nämlich ein Problem mit Roberto Blech: Wenn er auf den Rücken fiel, war er hilflos wie ein verunglückter Kartoffelkäfer und musste warten, bis ihn jemand wieder aufstellte.

»Wenn ihr mich fragt, kommt das aus der guten Stube!«, brummte Brumm Gnatzig und wandte sich betont gleichmütig seinem Honigmüsli zu.

»Sapperlot auch!«, rief der alte Helfrich mit einem Blick auf die leere Schuhschachtel. »Die beiden sind doch nicht etwa ...«

Und dann sagte er nichts mehr, sondern rannte, als sei der Teufel hinter ihm her, aus der Küche. Zwei Sekunden später stand er in der Wohnzimmertür und schnappte nach Luft.

Was war denn hier los?

Schluri hüpfte noch immer ausgelassen auf der Couch herum und warf mit Kissen um sich. Roberto lag wehklagend zwischen Büchern und Gummibaumerde auf dem Teppich und strampelte mit Armen und Beinen.

»Sapperlot, Sapperlot aber auch!«, stieß Helfrich noch einmal aus, unfähig, einen Gedanken zu fassen.

»Sapperlot und Schnuddeldiwutz!«, sang Schluri und warf die Kissen herum, dass es nur so staubte. »Sauber ist dumm, lustig ist Schmutz.«

»Ich hab's von Anfang an gewusst«, brummte eine tiefe Stimme. »Der Neue macht nur Ärger!«

Grete Petete sagte nichts, ihr hatte es die Sprache verschlagen. Die beiden waren am Tischbein hinuntergerutscht und Helfrich gefolgt. Mit aufgerissenen Augen standen sie neben ihm und betrachteten die Bescherung.

»Oh, oh – weh, weh!«, jammerte Roberto.

Wortlos trat der alte Helfrich in seine vormals gute Stube. Er half dem Spielzeugroboter hoch, stellte den Gummibaum auf und scharrte planlos eine Handvoll Erde zusammen. Wer ihn kannte, sah, wie sehr er um Beherrschung rang, denn er atmete tief ein und aus. Schließlich richtete er sich ächzend auf.

»Schluri«, knurrte er in einem Ton, den die Spielzeugbande selten von ihm gehört hatte. »Was fällt dir ein?«

Schluri sprang auf der Couch Trampolin und trällerte vor sich hin. Helfrichs Verärgerung schien er gar nicht zu bemerken. »Was fällt mir ein?«, trällerte er. »Nur Schlamperein. Und Schlamperein find ich sehr fein!«

Diese Meinung teilte Gottlieb Helfrich nun überhaupt nicht. »Du kommst sofort von der Couch herunter!«, zischte er.

»Autsch«, sang der kleine Schlampiner und trat dabei fest gegen die Lehne. »Autsch, sagt die Couch!«

Jetzt reichte es dem alten Puppendoktor. Er versuchte, Schluri zu schnappen. Aber der sprang wie ein Grashüpfer auf den Couchtisch und seilte sich am Tischtuchzipfel ab. Mit ihm landeten das Tischtuch und die Porzellanvase mit dem Goldrand auf dem Boden. Es klirrte, Porzellansplitter spritzten durchs Zimmer.

»Oh – oh, oh – weh, weh!«, jammerte Roberto.

»Schluri!«, rief Grete entsetzt. »Die schöne Vase!«

Brumm verschränkte die Arme und nickte überlegen. »Ich hab's gewusst! Hab ich's nicht gleich gewusst? Hab ich! Hah!«

Außer sich vor Ärger packte der alte Helfrich Schluri am Schlafittchen, schüttelte ihn und setzte ihn grollend wieder ab. »Auch noch die Vase von Tante Käthe! Ist dir denn gar nichts heilig?«

Inzwischen schien selbst Schluri bemerkt zu haben, dass seine

Schlampereien Opa Helfrich gar nicht freuten. Sein breiter Mund verzog sich zu einem schiefen Lächeln. »Lass dir doch von ein paar Scherben nicht den ganzen Tag verderben!«, sagte er aufmunternd. »Das sagt Oma Schlampowski immer.« Seinem Tonfall war zu entnehmen, dass er nicht das geringste Schuldbewusstsein hatte. Allerdings kam Oma Schlampowskis guter Rat nicht sehr gut an.

Der alte Helfrich schnaubte vor Wut. »Und ich sag immer: Was zu weit geht, geht zu weit!« Verdrossen blickte er auf das Chaos, das Schluri in seiner guten Stube angerichtet hatte. »Wer macht denn so was?«

»Schlampiner«, sagte Schluri und sah seinen Gönner treuherzig an. »Schmuddelig ist knuddelig!«

»Ich mag's aber nicht knuddelig-schmuddelig!«, fuhr ihn Helfrich an. »Ich mag's sauber und ordentlich. Verstanden?«

Schluri schüttelte den Kopf. Er verstand wirklich nicht, was Helfrich hatte.

»Und du!« Helfrich drohte Roberto Blech mit dem Finger. »Du hättest mich sofort rufen müssen!«

Roberto senkte den Kopf.

Grete Petete hatte unterdessen einen kleinen Besen und die Kehrichtschaufel geholt. »Ich helf dir, Opa Helfrich.«

Der alte Puppendoktor nickte dankbar. »Du kannst das Gröbste zusammenkehren. Den Rest mache ich dann mit dem Staubsauger.« Dann wandte er sich zu Brumm. »Und du passt inzwischen auf Schluri auf!«

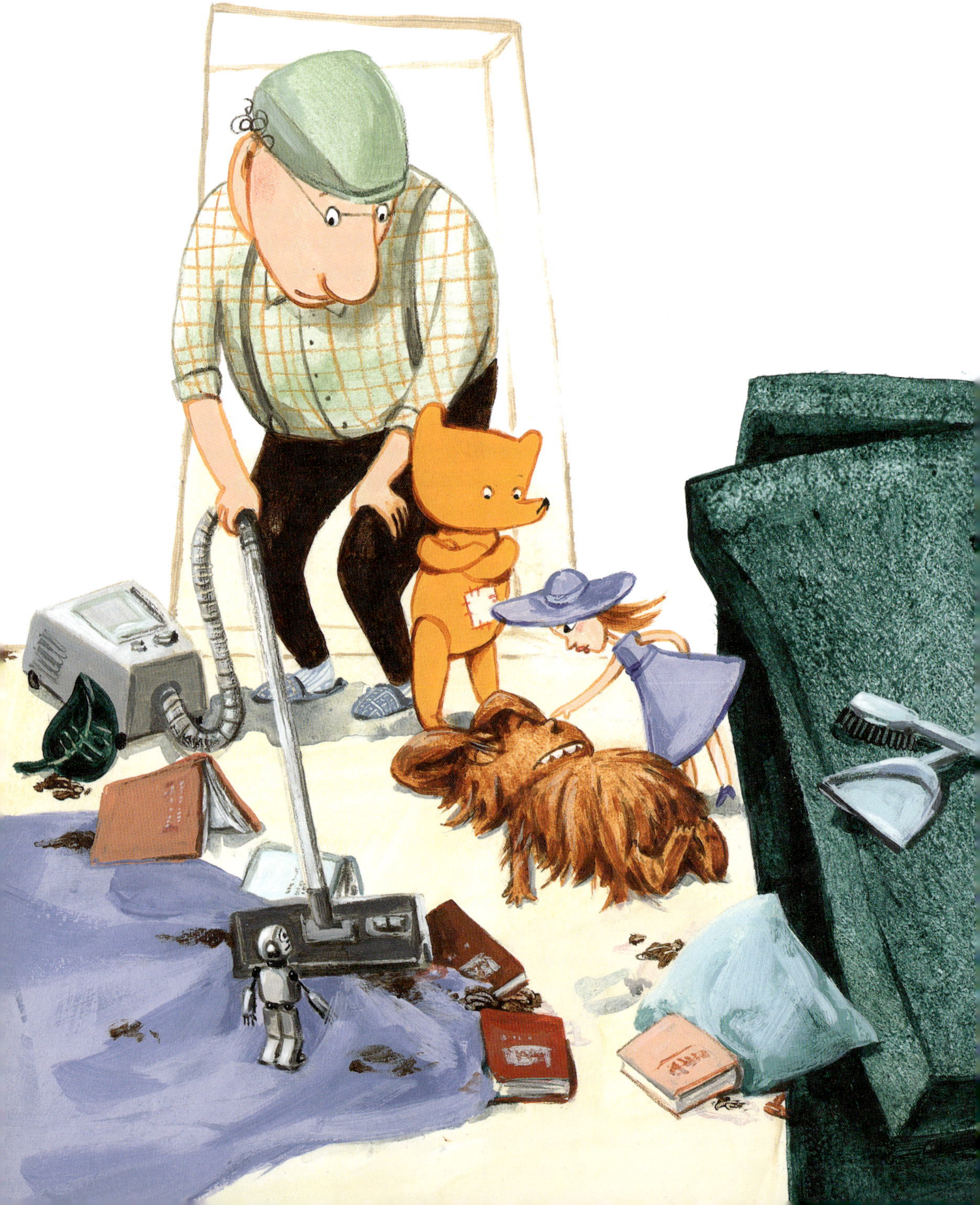

»Pah!«, brummte Brumm mit einem abschätzigen Blick auf den kleinen Schlampiner, der sich am Bauch kratzte und angestrengt darüber nachdachte, was er eigentlich falsch gemacht hatte.

Aber Aufpassen war erst einmal gar nicht nötig. Als nämlich Helfrich den Staubsauger einschaltete und das Saugrohr mit einem Aufheulen die Erde auf dem Teppich verschlang, kippte der kleine Schlampiner wie ein Brett nach hinten um.

Rumms! Da lag er. Die Ohren über den Augen. Steif und unbeweglich.

»Wa… was – ha… hat – e… er?«, rief Roberto erschrocken.

»Er ist doch nicht etwa …?« Grete wagte ihre Befürchtung gar nicht auszusprechen.

»Keine Sorge!« Helfrich machte den Staubsauger aus. »Angst. Er hat Angst. Vermutlich gibt es auf Tohuwabohu keine Staubsauger.« Er seufzte. »Schlampiner haben es wohl nicht so mit der Sauberkeit.«

»Angst vor einem Staubsauger. Hah!«, brummte Brumm Gnatzig. »Weichei!«

Grete beugte sich über Schluri und stupste ihn vorsichtig, aber er regte sich nicht.

»Am besten, wir lassen ihn in Ruhe«, sagte der alte Helfrich. »Ich stecke ihn in seine Schachtel und dann knöpfen wir uns die Stube vor.« Er nahm Schluri behutsam hoch und brachte ihn in die Küche.

Sechstes Kapitel, in dem Snobby den Kürzeren zieht

Während der alte Helfrich und die Spielzeugbande in der Stube aufräumten, lag Schluri noch eine Weile ohnmächtig in seinem Pappbett. Es ist nämlich eine Eigenart der Schlampiner, die an und für sich sehr mutige Kerlchen sind, bei Gefahr in Schreckstarre zu fallen.

Schluri hatte tatsächlich, genau wie Helfrich vermutet hatte, im Leben noch keinen Staubsauger gesehen. Er hatte das unbekannte brüllende Ding für ein scheußliches Ungeheuer mit einem gefährlichen Saugrüssel gehalten. Dazu fraß es auch noch all seinen schönen Knuddelschmuddel weg. Somit war der Staubsauger so ziemlich das Grässlichste, was er je zu Gesicht bekommen hatte.

Trotzdem dauerte die Schreckstarre nicht allzu lange. Schluri erwachte von einem finsteren Knurren. Er sah sich bang um, aber das Saugungeheuer war nirgends zu sehen. Erleichtert stellte er fest, dass es nur sein Magen war. Kein Wunder, er hatte ja außer dem Zwiebeltee schon eine halbe Ewigkeit nichts in den Bauch bekommen. Also stand er auf und machte sich auf die Suche nach etwas Essbarem.

Anders als für die Spielzeugbande war es für Schluri kein Problem, auf den Tisch zu gelangen. Klettern konnte er wie ein Affe. Auf dem Puppentisch fand er in Gretes Tellerchen noch etwas Müsli. Er schnüffelte daran – und schob es angewidert weg.

Brumm hatte nichts übrig gelassen. Aber in Helfrichs Tasse stand noch eine Pfütze Kaffee. Schluri steckte die Nase hinein und schüttelte sich. Dann schob er den Finger ins Marmeladenglas und schleckte ihn misstrauisch ab. Bäh! Das Brot ließ er gleich links liegen.

Enttäuscht rutschte der kleine Schlampiner am Tischbein zurück auf den Fußboden, wo ihm plötzlich ein verlockender Duft in die Stupsnase wehte. Schnuppernd machte er sich auf die Suche und wurde schnell fündig. Neben dem Kühlschrank stand ein Schüsselchen mit braunem Brei.

Schluri lief das Wasser im Mund zusammen. »Tralitrala, was ist denn da? Matschepampe für die Wampe!«, sang er und schaufelte sich sogleich mit beiden Händen den Bauch voll, wobei er wie eine Horde Ferkel grunzte und schlürfte.

Kurz darauf hallte wildes Fauchen durch das Häuschen, wilder als das des Staubsaugerungeheuers. – Sehr viel wilder! Es folgte markerschütterndes Gebrüll.

Aufgeschreckt spähten Helfrich und die Spielzeugbande aus der Wohnzimmertür. Ein kleiner zotteliger Geselle raste laut kreischend durch den Flur. Ihm knapp auf den Fersen folgte ein schwarz-weißes Geschoss mit langem Schwanz. Unter mörderischem Gefauche und Gezeter ging die wilde Jagd einige Male den Flur hinauf und wieder hinunter.

Während Grete wie versteinert dastand, Brumm sicherheitshalber ein paar Schritte rückwärtstappte und Roberto neugierig den Blechkopf in den Flur streckte, trat der alte Helfrich aus dem Wohnzimmer.

»Snobby!«

Der Kater bremste abrupt und drehte sich für einen winzigen Moment um. Den nutzte Schluri. Wie ein Eichhörnchen kletterte er an der Garderobe hoch. Als Snobby die Verfolgungsjagd fortsetzte, hatte sich Schluri schon unter Helfrichs Ausgehhut versteckt. Wutschnaubend versuchte der Kater, auf die Hutablage zu springen, landete aber auf Helfrichs Mantel.

»Snobby, lass Schluri in Ruhe!«, rief Helfrich, pflückte den widerstrebenden Kater von seinem Mantel und setzte ihn kurzerhand vor die Haustür. Kopfschüttelnd betrachtete er die Fäden, die Snobbys Krallen aus dem Gewebe gezogen hatten. Sapperlot aber auch, seit dieser Schlampiner im Haus war, ging alles drunter und drüber!

Da es nun ruhig geworden war, wagte sich die Spielzeugbande aus der Stube. Zum ersten Mal fühlte Brumm so etwas wie Sympathie für den Kater.

»Hat Snobby ihn gefressen?«, brummte er.

»Oh, oh – weh, weh!«, jammerte Roberto.

Grete wurde leichenblass.

Erst jetzt lugte Schluri unter dem Hut hervor. »Heck, meck, ist er weg?«

»Er lebt!« Grete klatschte erleichtert in die Hände.

»E... er – le... lebt!«, wiederholte Roberto und schlug scheppernd die Blechpatschen zusammen.

»Na gut, er lebt«, brummte Brumm Gnatzig. »Aber beim nächsten Mal ...!«

»Ein nächstes Mal wird es nicht geben!«, sagte Helfrich streng und streckte sich nach oben, um Schluri von der Hutablage zu holen. »Wir werden uns hier alle vertragen. Verstanden?« Dann schnupperte er an dem Schlampiner und kniff die Augen zusammen. Schluri war bis zu den Ohren mit brauner Pampe beschmiert! »Das erklärt alles«, sagte er. »Du hast also Snobbys Futter gestohlen.«

»Iih!« Grete verdrehte die Augen. »Katzenfutter!«

»Schleckschmeck, schleckweg!«, grunzte Schluri und schleckte sich die Lippen bis zur Nasenspitze.

»Man kann ihn keine Sekunde allein lassen«, sagte Helfrich gereizt und brachte Schluri in die Küche zurück.

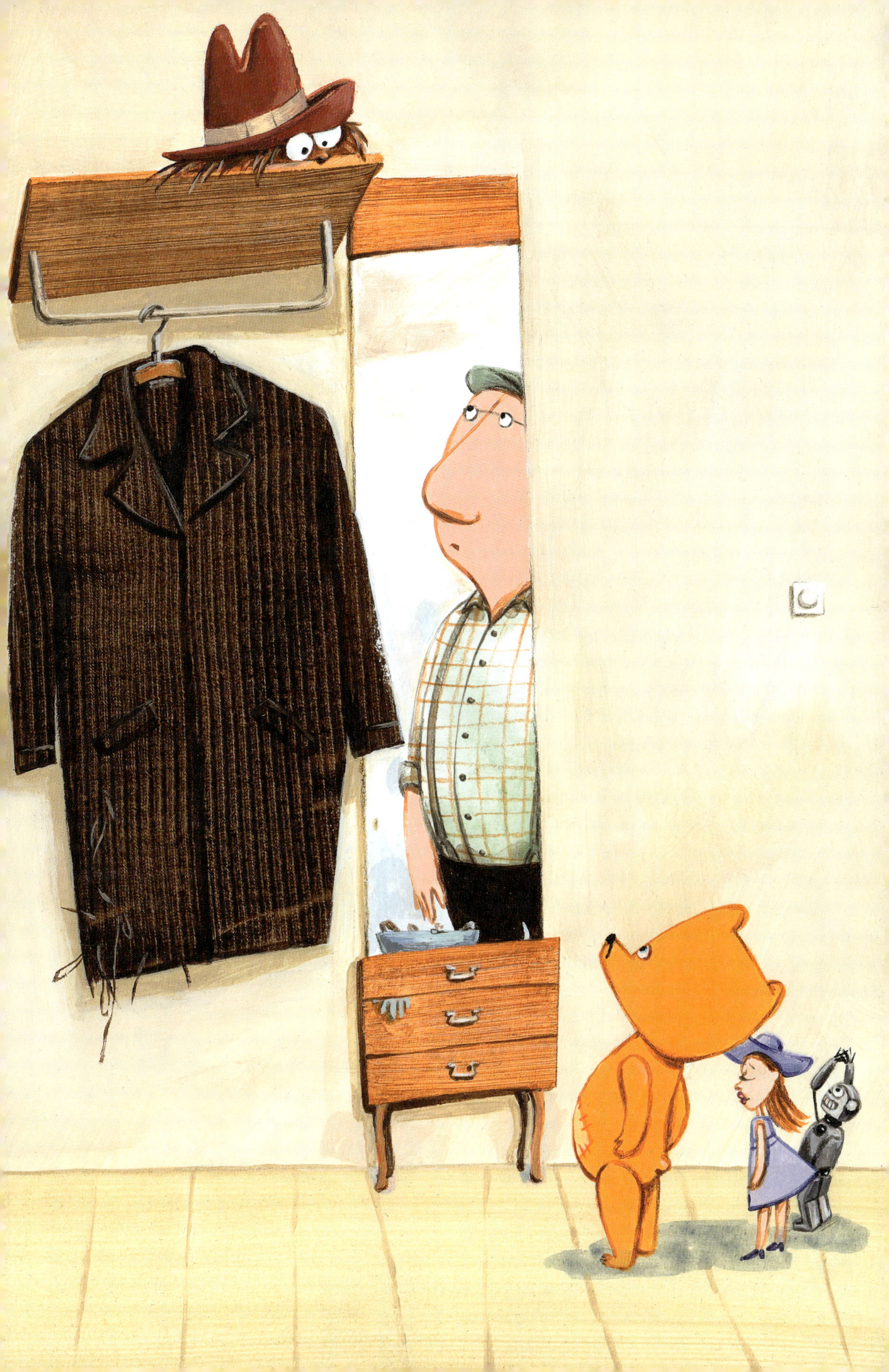

Schluri interessierte sich kein bisschen für die Pfannkuchen, die Helfrich heute zum Mittagessen backte. Sein Bäuchlein war prallvoll mit Katzenfutter und das Wettrennen mit Snobby hatte ihn müde gemacht. Deshalb legte er die Ohren über die Augen und hielt erst einmal ein kleines Nickerchen.

»Ein schlafender Schlampiner ist ein guter Schlampiner«, brummte Brumm, und damit sprach er aus, was auch die anderen dachten.

»Hört mal«, wandte sich der alte Helfrich nach dem Mittagessen an die Spielzeugbande. »Ich muss einkaufen gehen. Zwiebeln sind alle.«

»Bring Blütenhonig mit. Aber den extrafeinen!«, brummte Brumm. »Ein großes Glas!«

»Und Kekse für die Mecker-Dose«, sagte Grete.

»Un... und – ei... ein – Kän... Kännchen – Ö... Öl!«, meldete sich Roberto, dessen größte Freude es war, frisch geschmiert zu werden, war dies doch sein einziges Leibesvergnügen.

Der alte Helfrich nahm die Bestellungen gutmütig lächelnd entgegen. »Und ihr lasst mir dafür Schluri nicht aus den Augen!«

Siebtes Kapitel, in dem Schluri sich beweist

Als Helfrich wenig später auf seinem klapprigen Fahrrad ins Städtchen fuhr, blickte er sich noch einmal um. Er hatte gar kein gutes Gefühl dabei, seine Hausgenossen mit dem kleinen Schlampiner allein zu lassen.

Während die Spielzeugbande am Fenster stand und Opa Helfrich nachwinkte, wachte Schluri auf. Schläfrig beäugte er die alte Schreibmaschine, die Helfrich aus dem Bach geangelt hatte. Was war das denn? Auf der Stelle wurde er hellwach. Er erklomm das Tischchen, auf dem das komische Ding stand, und tippte mit dem Zeigefinger auf die Tasten.

Brpp und wieder brpp machte die Schreibmaschine. Das gefiel Schluri so gut, dass er gleich mit allen Fingern darauf herumhämmerte.

Brpp – brpp – brpp– brrrrrrrrrrrrrpp – Bling!

Brpp – brpp – brpp– brrrrrrrrrrrrrpp – Bling!

Grete, Brumm und Roberto drehten sich erschrocken um.

»Lass das!«, brummte Brumm. »Du machst meine Schreibmaschine kaputt.«

Brumm Gnatzig betrachtete die Schreibmaschine nämlich als Eigentum, weil er darauf seine Lebensgeschichte schreiben wollte. Den Titel hatte er schon:

Erkenntnisse eines Plüschbären von Welt

Da ihm die Erkenntnisse aber noch fehlten, war es bisher beim Titel geblieben.

Schluri dachte jedoch gar nicht daran, von dem schönen Brpp- und-Bling-Ding zu lassen. Im Gegenteil! Er erkletterte die Maschine und bearbeitete sie jetzt auch noch mit seinen unförmigen Füßen.

Brumm lief rot an, was man unter seinem Plüschfell zwar nicht sehen konnte, aber Grete Petete erkannte, dass er kurz vorm Explodieren war. Mit Ermahnungen kam man Schluri nicht bei, auch das war ihr klar. Man musste ihn ablenken.

»Wollen wir nicht in den Garten gehen?«, fragte sie schnell. »Die Sonne ist gerade herausgekommen.«

»Garten«, brummte Brumm. »Es hat geregnet, gewiss ist alles voller Matsch.«

Als Schluri das Wort Matsch hörte, ließ er sofort von der Maschine ab und hopste erwartungsvoll auf den Boden.

»Ra... raus! – Ra... raus!«, ratterte Roberto erfreut und stakste sogleich zur Katzenklappe, die Helfrich ursprünglich für Snobby in die Tür gebaut hatte. Mittlerweile diente sie längst auch der Spielzeugbande als Ein- und Ausstieg.

Brumm lenkte ein. Vielleicht war Gretes Idee gar nicht so dumm. Mit einem ungnädigen Blick ließ er Schluri den Vortritt. Unbekümmert sprang der kleine Schlampiner in den Garten hinaus.

Das Wetter war tatsächlich besser geworden. Die Sonne hatte die Regenwolken verscheucht. Es duftete frisch und würzig, wie es nur nach einem Sommerregen duftet. Brumms Stimmung hellte sich auf. Er ließ sich mit einem wohligen Seufzer ins Gras plumpsen. Sonnenstrahlen auf dem Pelz – das war genau das, was er jetzt brauchte.

Auch Schluri war bester Laune, denn er hatte eine schmuddelig braune Pfütze entdeckt. Jauchzend hüpfte er hinein. Mit beiden Füßen gleichzeitig. Wieder und wieder. Platsch. Platsch. Platsch.

Roberto, der immer alles aus der Nähe sehen wollte, folgte ihm neugierig. Prompt wurde er von oben bis unten vollgespritzt. »Brrrrrr!« Unter unwilligem Schnarren legte der Blechmann den Rückwärtsgang ein, zu seinem Leidwesen war er nicht rostfrei.

Grete hatte sich in sicherem Abstand ins Gras gesetzt. Amüsiert beobachtete sie Schluris Treiben. Der kleine Zottelkerl hopste in der Wasserlache herum, als ginge es um den Weltrekord im Pfützenspringen. Und dabei sang er vor lauter Glück: »Kuddel und Muddel, Kladderadatsch. Schnuddel und Schmuddel. Patsch in den Matsch! Schlampiner sind prima und machen viel Quatsch.«

Grete schmunzelte. Schluris Fröhlichkeit war ansteckend. Obwohl er tatsächlich nichts als Quatsch machte, konnte sie ihm nicht recht böse sein. Gut, seine Manieren ... Dennoch – seit Opa Helfrich den Schlampiner aus dem Bach gefischt hatte, hatte sie sich noch keinen Augenblick gelangweilt.

Eine Sekunde später geschah etwas, das wirklich alles andere als langweilig war. Unvermutet flog etwas durch die Luft, klein und rund und rot wie eine Tomate. Aber es war keine Tomate und ein Apfel war es auch nicht.

Schluri sprang hoch und fing es auf. »Prall und drall, ein runder Ball«, trällerte er entzückt. »Jippida und jippidu. Erst fang ich und dann fängst du.« Damit warf er das Bällchen Grete zu und Grete fing es verdutzt auf.

Aber da! Da sprang einer über den Zaun!

Mit wehenden Ohren und fliegender Rute.

Mit spitzen Zähnen und triefenden Lefzen.

»De... der – schwa... schwarze – Hu... Hund! – De... der – schwa... schwarze – Hu... Hund! – Oh, oh – weh, weh«, jammerte Roberto und warf die Blecharme in die Luft.

Doch da hatte der schwarze Hund das Püppchen mitsamt dem Ball schon in den Fängen.

Brumm hockte in der Wiese, zitterte wie Wackelpudding und brummte sich die Seele aus dem Bärenleib. »Hilfe! Hilfe! Die arme Grete!«

Nun bringt Jammern und Zittern in solchen Fällen leider gar nichts. Der Hund beutelte Grete, die den Ball starr vor Entsetzen an sich presste, knurrend hin und her.

Schluri stand das Zottelfell zu Berge, er kämpfte verzweifelt gegen die Schreckstarre an, als ihm einfiel, was die Schlampowski-Oma jetzt sagen würde: »Mut ist, wenn man's trotzdem tut.«

Augenblicklich setzte Schluri sein wildestes Schlampinerkampfgesicht auf. Er verdrehte die Glupschaugen, legte die Ohren an und verzog grimmig den Mund. Dann schob er den Bauch vor und düste mit dem Schlampinerkampfruf los: »Rabatz, Rabotz, Rabautz, jetzt gibt's was in die Schnauz!« Damit warf er sich von hinten auf den Hund und zerrte ihn am Schwanz.

Von Schmerz gepeinigt, raste der Vierbeiner los. In der Schnauze Grete mit dem Ball und im Schlepptau einen kleinen Schlampiner, der sich an seiner Rute festklammerte. Doch so schnell er auch rannte, er konnte den Quälgeist nicht abschütteln. Durch die Pfützen und über die Wiese schleifte ihn der

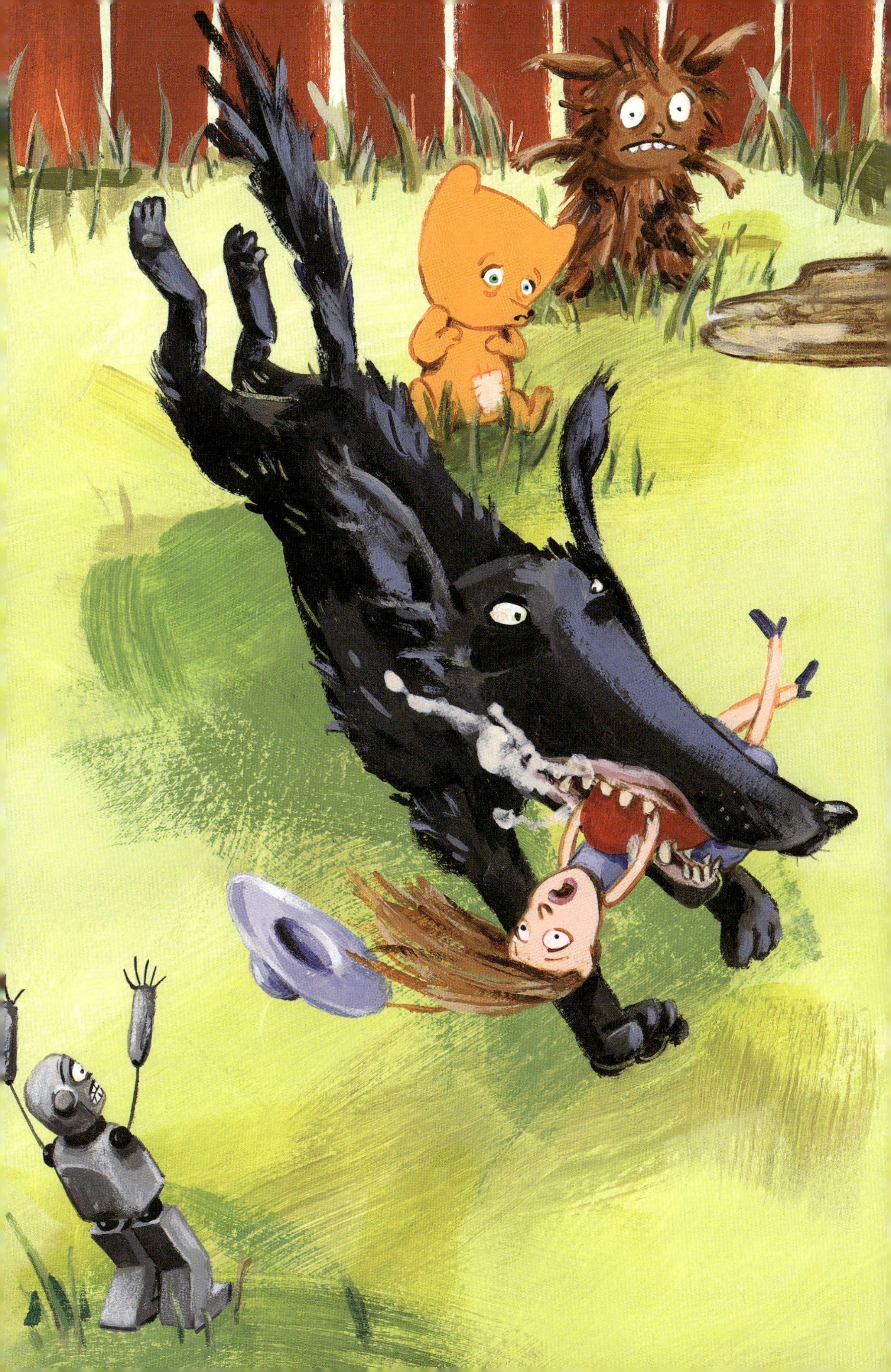

schwarze Hund. Aber Schluri ließ nicht locker. Mit einem drohenden Knurren blieb der Hund plötzlich stehen und warf den Kopf nach hinten. Genau darauf hatte Schluri gewartet, jetzt sollte der Hund wirklich was in die Schnauze bekommen! Wie gut, dass Schluri so viel Katzenfutter verputzt hatte! Er wirbelte herum, drückte und presste. Und dann pupste er wie aus einem Kanonenrohr.

Der Hund jaulte auf, ließ dabei Grete samt Ball fallen und rannte um sein Leben.

Auf weichen Knien schlich Brumm über die Wiese. Im Stechschritt ratterte Roberto hinter ihm her. Grete lag ohnmächtig im Gras, ob von dem Gestank oder vor Aufregung, war schwer zu sagen. Als Schluri sie sachte in den Bauch pikte, schlug sie ihre hübschen Puppenaugen auf.

»Mein Retter!«, sagte sie mit einem tiefen Seufzen.

Roberto fehlten die Worte. Es fiel ihm schwer, seine Gefühle auszudrücken. Stumm schlug er Schluri mit der Blechpatsche auf die Schulter, während Brumm Gnatzig etwas vor sich hin brummelte, das fast ein wenig freundlich klang.

Grete Petete war mit dem Schrecken davongekommen, sie war unverletzt. Dennoch war ihr etwas schwummrig, und sie hatte Mühe, sich auf ihren ungleichen Beinen zu halten. So trug Roberto, der Stärkste von allen, das Püppchen ins Haus. Brumm tappte kleinlaut hinterdrein. Als Letzter folgte Schluri, den kleinen roten Ball wie eine Trophäe vor sich hertragend.

Achtes Kapitel, in dem Schluri kein Saubär sein will

Der alte Helfrich erschrak nicht schlecht, als er nach seinem Einkauf von dem Hundeabenteuer erfuhr.

»Schluri ist ein Held!«, sagte Grete mit glänzenden Augen. »Er hat sein Leben für mich gewagt!«

»Ei... ein – He... Held!«, wiederholte Roberto.

Brumm Gnatzig brummelte vor sich hin.

Helfrich nickte dem kleinen Schlampiner zu. »Das war wirklich sehr, sehr mutig!«

Schluri lächelte geschmeichelt und kratzte sich am Bauch, dass die Schmutzklümpchen stoben.

»Sapperlot!«, rief Helfrich entsetzt. »Aber ein Saubär bist du trotzdem!«

Schluri war ja schon von Anfang an schmuddelig gewesen. Aber nach all dem Pfützenspritzen und der Hundeschwanzjagd starrte er jetzt vor Dreck. Und außerdem roch er wie ein ausgewachsenes Stinkwotschel.

Helfrich überlegte. Wie er seinen neuen Schützling einschätzte, würde er von einem Bad sicher nicht viel halten. Er musste ihn überlisten. Und so füllte der alte Puppendoktor stillschweigend eine kleine Waschwanne mit warmem Wasser und stellte sie, im Vertrauen auf Schluris Neugier, auf den Fußboden.

Grete saß erschöpft auf dem Küchensofa und Brumm las ihr

aus seinem Lieblingsbuch vor: Die hundert besten Honigsorten. Roberto döste träge vor sich hin. Er fühlte diese lähmende Schwere in den Gliedern, die ihn stets überkam, wenn er bald aufgezogen werden musste. Schluri hingegen sprühte schon wieder vor Tatendrang.

Und so ging Helfrichs Plan tatsächlich auf. Die Wanne zog den kleinen Schlampiner magisch an. Bald planschte er mit dem Wasser herum, dass die Dielen schwammen, und sang dabei aus voller Kehle: »Wasser ist zum Spritzen da, schlabberdi und schlabberda!«

Brumm sah unwirsch von seinem Buch hoch. »Schluri«, brummte er. »Lass das!«

»Nass-Spaß!«, reimte Schluri vergnügt und patschte mit beiden Händen in die Wanne.

Auch Gottlieb Helfrich fand, dass es nun genug war. Der Schlampiner hatte sich offenbar mit dem Wasser angefreundet. Also holte er Lavendelseife, Rubbelbürste und Handtuch und kniete sich auf den Boden, was Schluri misstrauisch beobachtete.

»So«, sagte Helfrich mit sanfter Stimme. »Und jetzt wollen wir den tapferen kleinen Schluri ein bisschen waschen.«

Das wollte der tapfere kleine Schluri zwar keineswegs. Aber Helfrich steckte ihn so schnell in die Wanne, dass er nicht einmal mehr protestieren konnte, denn er wurde auf der Stelle stocksteif wie ein Gartenzwerg. Muckte nicht und zuckte nicht. Die Ohren über die Augen geklappt, war er in Schreckstarre gefallen! Kopfschüttelnd machte sich der alte Helfrich ans Werk.

»Weichei!«, brummte Brumm. »Wasch- und seifenscheu.«

»Ooooh – Ooooh, oooh!«, stöhnte Roberto so mitleidig wie schleppend, zu mehr reichte seine Kraft nicht.

»Schluri ist gar kein Weichei!«, verteidigte Grete ihren Retter. »Er ist mutig, wenn's drauf ankommt. Und das ist doch wohl das Wichtigste!«

Brumm Gnatzig schob verschnupft die Schnauze vor und sah missmutig zu, wie Helfrich den reglosen Schlampiner mit Lavendelseife und Rubbelbürste säuberte.

Schließlich hob der alte Puppendoktor den triefend nassen Zottelkerl aus der Wanne, wickelte ihn in ein Handtuch und setzte ihn auf dem Sofa ab. Noch ehe er die Schmuddelbrühe ausgeleert hatte, kam Schluri wieder zu sich. Er blinzelte Grete, die sich über ihn beugte, verlegen an.

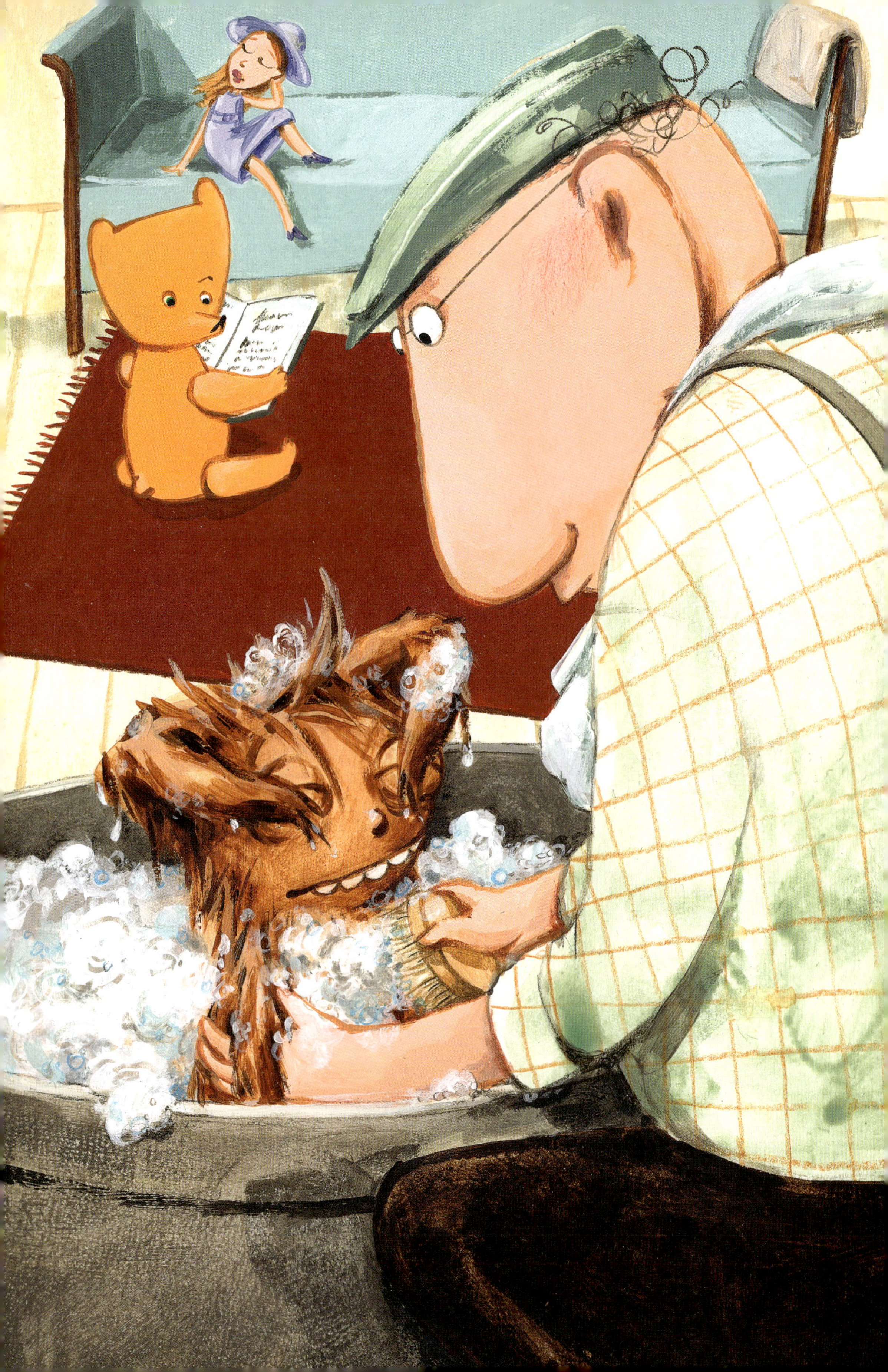

Grete schenkte ihm ihr süßestes Puppenlächeln. »Du riechst aber gut!«, sagte sie.

Schluri schnüffelte an seinem rechten Ohr und rümpfte die Nase.

»Immerhin ist er jetzt sauber und rein!«, brummte Brumm Gnatzig.

»Sau ist schmuddelig und nicht rein. Sau-ber will ich gar nicht sein!«, sagte Schluri weinerlich.

Helfrich wischte sich die Hände an der Hose trocken und lachte. »Besser sauber als ein Saubär!«

»Was ist so schlimm daran, ein Bär zu sein?«, brummte Brumm. »Ein Bär zu sein ist gar nicht schlimm. Es ist sogar sehr gut, ein Bär zu sein!«

Er warf dem alten Helfrich einen gekränkten Blick zu, steckte den Plüschkopf in sein Buch und vertiefte sich in das Kapitel »Akazienhonig«.

Bevor Helfrich schlafen ging, schloss er die Fenster. Zum Abendessen hatte Schluri eine große Portion Katzenfutterpampe mit Zwiebelringen verdrückt und diesmal hatte er sich nicht mit Aufstoßen begnügt.

Helfrich seufzte. Offenbar gehörte Rülpsen und Pupsen auf Tohuwabohu zum guten Ton. Ob man ihm das je abgewöhnen konnte? Er ging zum Küchensofa. Brumm schnarchte, das Kissen auf den Bärenohren, dass die Sprungfedern rasselten. Grete schlummerte dennoch süß wie ein Engel unter ihrer rosa Decke. Roberto Blech stand reglos in seiner Ecke.

Es war ein langer Tag gewesen. Für alle.

»Und für dich auch«, flüsterte Opa Helfrich und deckte Schluri, der leise röchelnd in seiner Schachtel schlief, sorgsam zu.

Snobby strich ihm um die Beine und fauchte leise. Den unverschämten Futterdiebstahl hatte er noch längst nicht vergessen.

»Ja, mein Dicker«, sagte der alte Helfrich zu dem Kater. »Der kleine Schlampiner bringt frischen Wind in die Bude.« Snobby rümpfte die Nase. Helfrich lächelte. »Nun gut, ich hab das nicht so wörtlich gemeint. Er ist eben ein Schlampiner.« Er kraulte Snobby zwischen den Ohren und fuhr fort: »Ist dir nicht auch aufgefallen, dass Brumm in letzter Zeit immer grantiger wurde? Und die Grete hat es manchmal ziemlich übertrieben mit ihrem feinen Getue. Und was unseren alten Blechkopf angeht, der rostet uns am Ende noch völlig ein. Ja, ja!« Helfrich nickte versonnen. »Immer nur der Umgang mit einem alten Mann wie mir – das ist nichts für die Spielzeugbande! Der Schluri tut uns allen vielleicht ganz gut.«

Snobby hob den Kopf und stolzierte von dannen. Er fand rein gar nichts an dem zotteligen Neuzugang. Aber auch rein gar nichts!

In der Schachtel rührte sich etwas. Helfrich spitzte die Ohren.

»Kuddel und Muddel, Kladderadatsch«, brabbelte Schluri träumend vor sich hin. »Schlampiner sind prima und machen viel ...«

Das letzte Wort ging in einem zufriedenen Grunzen unter. Nach diesem aufregenden Tag fiel es dem alten Puppendoktor leicht, das Ende des Schlampinerlieds zu erraten. Ihn beschlich so eine Ahnung, dass es von nun an viele solcher Tage geben würde. Er schmunzelte. Nun, sie hatten jetzt eben einen Schlampiner im Haus. Sapperlot aber auch! Einen waschechten Schlampiner ...

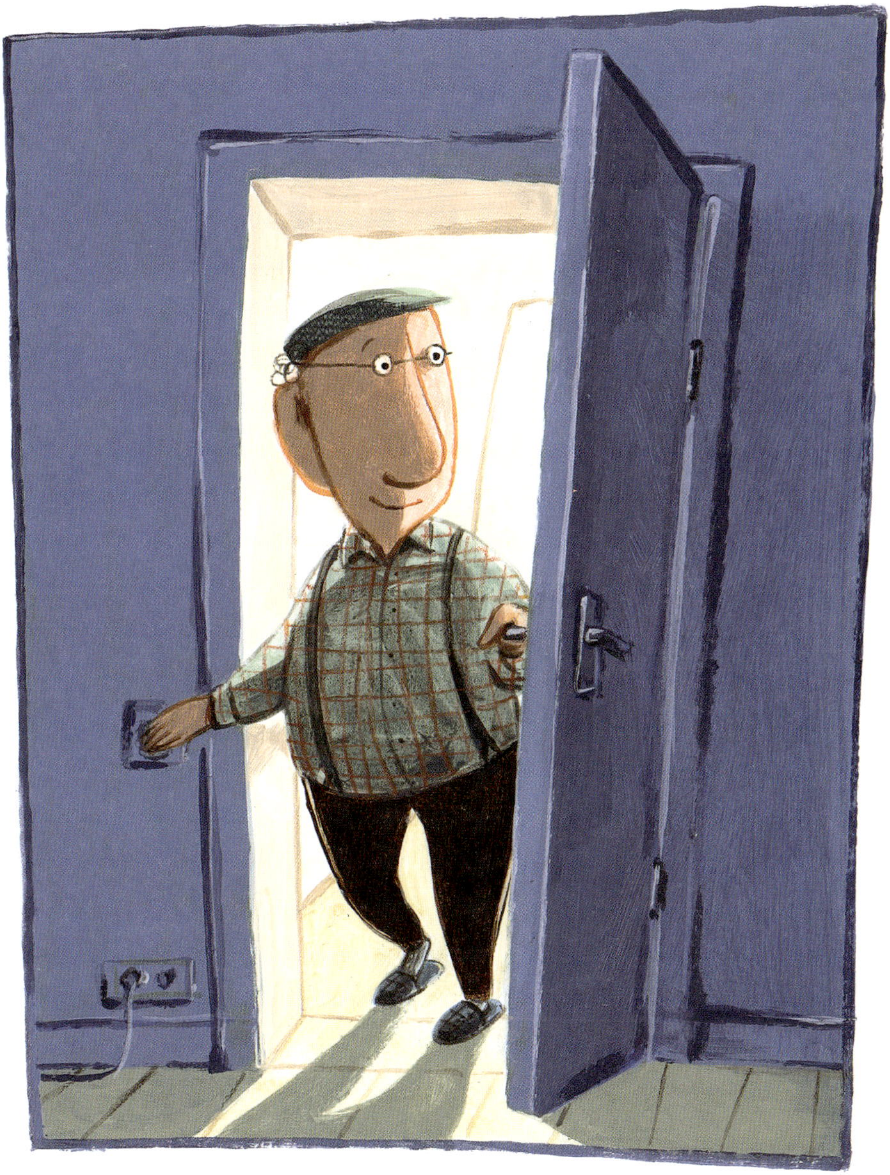

Brigitte Endres wurde in Würzburg geboren. Von klein auf liebte sie Bücher und verfasste schon früh eigene Texte. Nach dem Abitur studierte sie zunächst Lehramt für Grundschulen, anschließend Germanistik und Geschichte. Die Arbeit mit ihren Grundschülern inspirierte sie zu ihrem ersten Kinderbuch, zahlreiche Veröffentlichungen bei verschiedenen Verlagen folgten. Brigitte Endres lebt in Kassel und München.

Antje Drescher, 1972 in Rostock geboren, studierte Illustration an der Fachhochschule Hamburg. Seit 1999 illustriert sie für verschiedene Verlage im Kinder- und Jugendbuchbereich und war wiederholt in der Ausstellung der Kinderbuchmesse Bologna vertreten. Antje Drescher lebt und arbeitet in Hamburg.

© Tulipan Verlag GmbH, Berlin 2012
Alle Rechte vorbehalten
1. Auflage 2012
Text: Brigitte Endres
Bilder: Antje Drescher
Lektorat: Anna Madouche
Gestaltung: www.anettebeckmann.de
Druck: Grafisches Centrum Cuno GmbH & Co. KG, Calbe
ISBN 978-3-939944-83-6
www.tulipan-verlag.de

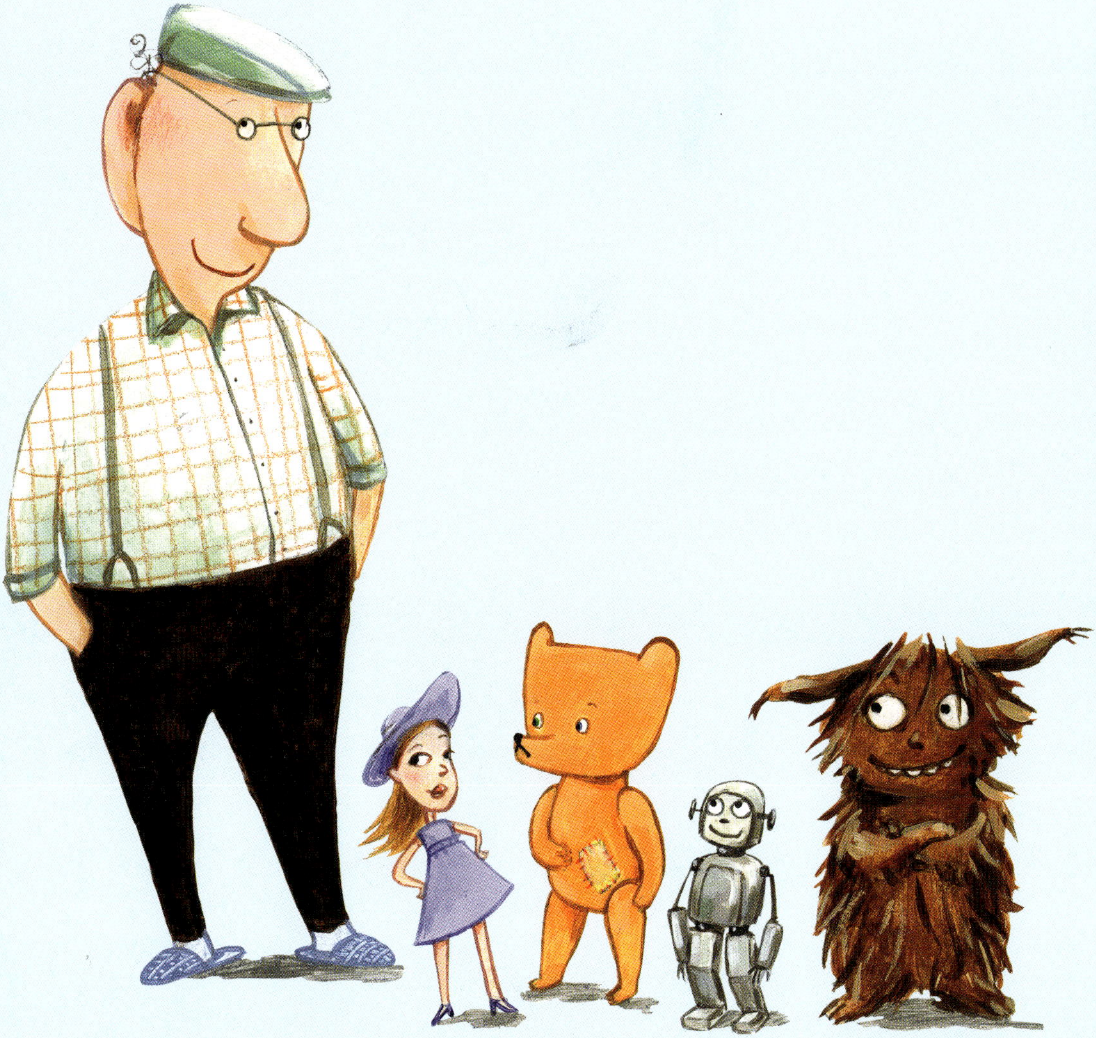